UN AN D'ACTUALITÉ DES LIBERTÉS FONDAMENTALES

UN AN D'ACTUALITÉ DES LIBERTÉS FONDAMENTALES

12 fiches d'actualité
et sujets corrigés
pour le grand oral

3e édition

Michaël Poyet
Magistrat administratif
Enseignant associé à la faculté Jean Monnet
de l'université Paris-Saclay
Intervenant à l'IEJ de Sceaux,
au Centre de formation de la juridiction administrative
et à l'Institut régional d'administration de Bastia
Membre associé de l'IEDP (EA 2715)
Docteur en droit

LGDJ
un savoir-faire de
Lextenso

Dans la même collection

Boris BERNABÉ, Michaël POYET, *La note de synthèse*, 10e éd., 2021.

Nathalie BLANC, Anne-Valérie LE FUR, Thomas LE GUEUT, Anne-Cécile MARTIN, *Droit des affaires*, 4e éd., 2021.

Nathalie BLANC, Mathias LATINA, Denis MAZEAUD, *Droit des obligations*, 2e éd., 2021.

Romain BOFFA, *Droit civil*, 5e éd., 2021.

Christine HUGON, Cyrille AUCHÉ, Jacques-Henri AUCHÉ, *Procédure civile*, 2021.

Céline LARONDE-CLÉRAC, Agnès DE LUGET, *Méthodologie des épreuves écrites et de l'exposé-discussion*, 2e éd., 2018.

Marine MICHINEAU, *Droit fiscal*, 2e éd., 2020.

Henri OBERDORFF, Jacques ROBERT, *Libertés fondamentales et droits de l'homme, Recueil de textes français et internationaux*, 19e éd., 2021.

Michaël POYET, *Procédure administrative et modes amiables de résolution des différends*, 4e éd., 2021.

Michaël POYET, *Droit administratif*, 2e éd., 2020.

Michaël POYET, *Un an d'actualité des libertés fondamentales*, 3e éd., 2021.

Thierry REVET, François-Xavier LUCAS (dir.), *Précis de culture juridique*, 5e éd., 2021.

Corinne ROBACZEWSKI, *Procédure pénale*, 5e éd., 2021.

1, Parvis de La Défense
92044 Paris La Défense Cedex
www.lgdj-editions.fr
ISBN : 978-2-275-09155-6

Table des principales abréviations

Aff.	Affaire
AAI	Autorité administrative indépendante
ADP	Aéroport de Paris
Al.	Alinéa
AIPD	Analyse d'impact relative à la protection des données
AMP	Assistance médicale à la procréation
ANCT	Agence nationale de la cohésion des territoires
APE	Agence des participations de l'État
APJ	Agent de police judiciaire
Art.	Article
CAA	Cour administrative d'appel
CADA	Commission d'accès aux documents administratifs
CASF	Code de l'action sociale et des familles
Cass.	Arrêt de la Cour de cassation
CCH	Code de la construction et de l'habitation
CDBF	Cour de discipline budgétaire et financière
CE	Conseil d'État
CEDH	Cour européenne des droits de l'homme
Convention EDH	Convention européenne de sauvegarde des droits de l'homme et des libertés fondamentales
CESEDA	Code de l'entrée et du séjour des étrangers et du droit d'asile
CGCT	Code général des collectivités territoriales
CGI	Code général des impôts
CGLPL	Contrôleur général des lieux de privation de liberté
CG3P	Code général de la propriété des personnes publiques
CIDE	Convention internationale des droits de l'enfant

CIDPH	Convention internationale des droits des personnes handicapées
CIR	Contrat d'intégration républicaine
CJA	Code de justice administrative
CJCE	Cour de justice des communautés européennes
CJUE	Cour de justice de l'Union européenne
CNCDH	Commission nationale consultative des droits de l'homme
CNDA	Cour nationale du droit d'asile
CNIL	Commission nationale de l'informatique et des libertés
CNOP	Comité national de l'ordonnance de protection
COJ	Code de l'organisation judiciaire
CPP	Code de procédure pénale
Concl.	Conclusions
Cons. const.	Conseil constitutionnel
c.	Contre
CRA	Centre de rétention administrative
CRPA	Code des relations entre le public et l'administration
CSA	Conseil supérieur de l'audiovisuel
CSI	Code de la sécurité intérieure
CSP	Code de la santé publique
D.	Recueil Dalloz
DDHC	Déclaration des droits de l'homme et du citoyen
Déc.	Décision
EHPAD	Établissement d'hébergement pour personnes âgées dépendantes
EPLE	Établissement public local d'enseignement
Ex.	Exemple
FAI	Fournisseur d'accès à Internet
FDJ	Française des Jeux
FGTI	Fonds de garantie des victimes des actes de terrorisme et d'autres infractions
GAJA	Grands arrêts de la jurisprudence administrative
GPA	Gestation pour autrui
HATVP	Haute Autorité pour la transparence de la vie publique
IMG	Interruption médicale de grossesse
IRTF	Interdiction de retour sur le territoire français
JAP	Juge de l'application des peines
JLD	Juge des libertés et de la détention
JORF	Journal officiel de la République française

JOUE	Journal officiel de l'Union européenne
LCEN	Loi pour la confiance dans l'économie numérique
LGDJ	Librairie générale de droit et de jurisprudence
n°	Numéro
NTIC ou TIC	Nouvelles technologies de l'information et de la communication
Obs.	Observations
OFPRA	Office français de protection des réfugiés et apatrides
OGM	Organisme génétiquement modifié
OIT	Organisation internationale du travail
ONU	Organisation des Nations unies
OPJ	Officier de police judiciaire
OQTF	Obligation de quitter le territoire français
Ord.	Ordonnance
OVC	Objectif de valeur constitutionnelle
P.	Page
PFRLR	Principe fondamental reconnu par les lois de la République
PGD	Principe général du droit
PMA	Procréation médicale assistée
Préc.	Précité
QPC	Question prioritaire de constitutionnalité
REP	Recours pour excès de pouvoir
Req.	Requête
REU	Répertoire électoral unique
RGPD	Règlement général sur la protection des données
RIP	Référendum d'initiative partagée
RIC	Référendum d'initiative citoyenne
RPC	Recours de plein contentieux
RTS	Refus de titre de séjour
Sect.	Section
TA	Tribunal administratif
T. confl.	Tribunal des conflits
TFUE	Traité sur le fonctionnement de l'Union européenne
TGI	Tribunal de grande instance (remplacé par « tribunal judiciaire »)
TSN	Taxe sur les services numériques
UE	Union européenne
V.	Voir

Sommaire

Introduction

L'arrêté du 17 octobre 2016, modifié par les arrêtés des 6 mars et 2 octobre 2018, fixant le programme et les modalités de l'examen d'accès au centre régional de formation professionnelle d'avocats (CRFPA) prévoit que les étudiants qui ont été déclarés admissibles par le jury se présentent aux épreuves d'admission qui comprennent deux épreuves orales dont l'épreuve majeure du grand oral qui se compose d'un exposé de quinze minutes, après une préparation d'une heure, suivi d'un entretien de trente minutes avec le jury, sur un sujet relatif à la protection des libertés et des droits fondamentaux permettant d'apprécier les connaissances du candidat, la culture juridique, son aptitude à l'argumentation et à l'expression orale. Cette épreuve se déroule en séance publique et la note est affectée d'un coefficient 4.

L'objectif de cet ouvrage est de permettre aux étudiants qui préparent des concours et des examens, ainsi qu'aux personnes qui s'intéressent aux libertés fondamentales, de faire un tour d'horizon rapide en matière de libertés publiques et droits fondamentaux des actualités indispensables à connaître de l'année écoulée.

Il est recommandé aux étudiants qui préparent le grand oral de l'examen professionnel d'accès au CRFPA de réviser efficacement et de façon expresse les fondamentaux de la protection des libertés et des droits fondamentaux à partir des fiches d'actualités. Chacune des douze fiches présente des thèmes à maîtriser pour réussir l'épreuve ainsi que les notions essentielles à connaître en rapport avec ceux-ci et des exemples de sujets avec un corrigé et des questions susceptibles d'être posées par les membres des jurys. L'ouvrage se termine par un pêle-mêle de questions-réponses pour optimiser les révisions en la matière.

Rappelons, enfin, que l'annexe de l'arrêté modifié du 17 octobre 2016 fixant le programme et les modalités de l'examen d'accès au CRFPA prévoit que les libertés et droits fondamentaux comprennent la culture juridique générale, l'origine et sources des libertés et droits fondamentaux, le régime juridique des libertés et droits fondamentaux ainsi que les principales libertés et les principaux droits fondamentaux.

QR Code pour accéder à plus d'actualités en libertés fondamentales entre octobre et décembre 2021.

8 juillet 2020 : Surpopulation carcérale et détention provisoire

La Chambre criminelle de la Cour de cassation, par un arrêt n° 1400 du 8 juillet 2020 (20-81739), a jugé qu'il appartient au juge national, chargé d'appliquer la Convention, de tenir compte, sans attendre une éventuelle modification des textes législatifs ou réglementaires, de la décision de la CEDH condamnant la France pour le défaut de recours préventif permettant de mettre fin à des conditions de détention indignes.

La Chambre criminelle de la Cour de cassation a tiré les conséquences de la condamnation que la Cour européenne des droits de l'homme (CEDH) a prononcée contre la France à raison des conditions indignes de détention dans plusieurs centres pénitentiaires et maisons d'arrêt et de l'absence de recours devant les autorités françaises permettant d'y remédier de manière effective (arrêt du 30 janv. 2020, *JMB c. France*, requête n° 9671/15 et 31 autres).

Le juge judiciaire a l'obligation de garantir à la personne placée dans des conditions indignes de détention un recours préventif et effectif permettant de mettre un terme à la violation de l'article 3 de la CEDH.

En tant que gardien de la liberté individuelle, il incombe à ce juge de veiller à ce que la détention provisoire soit, en toutes circonstances, mise en œuvre dans des conditions respectant la dignité des personnes et de s'assurer que cette privation de liberté est exempte de tout traitement inhumain et dégradant.

La description faite par le demandeur de ses conditions personnelles de détention doit être suffisamment crédible, précise et actuelle, pour constituer un commencement de preuve de leur caractère indigne.

Il appartient alors à la chambre de l'instruction, dans le cas où le ministère public n'aurait pas préalablement fait vérifier ces allégations, et en dehors du pouvoir qu'elle détient d'ordonner la mise en liberté de l'intéressé, de faire procéder à des vérifications complémentaires afin d'en apprécier la réalité.

I. Surpopulation carcérale et prolongation du moratoire sur le placement en cellule individuelle dans les maisons d'arrêt

Selon la section française de l'Observatoire international des prisons (OIP), le taux d'occupation des établissements pénitentiaires est de 103 % avec 62 673 prisonniers pour 60 583 places, au 1er janvier 2021. Pour mémoire, le taux d'occupation des établissements pénitentiaires était de 124 %, en 1990.

Elle constate que la surpopulation se concentre dans les maisons d'arrêts, qui accueillent les personnes en attente de jugement et celles condamnées à des courtes peines de prison. Dans ces établissements, qui abritent plus des deux tiers de la population carcérale, le taux d'occupation moyen est de 120 %, contraignant deux à trois personnes – parfois plus – à partager une même cellule et plus de 700 personnes à dormir chaque nuit sur des matelas posés au sol.

Elle avait précédemment constaté qu'un record avait été atteint au cours du mois de mars 2020 avec 72 400 personnes détenues dans les prisons françaises. Face à ces circonstances exceptionnelles, la Contrôleure générale des lieux de privation de liberté (CGLPL) a alerté la ministre de la Justice, garde des Sceaux, à partir du 17 mars 2020, sur la situation des établissements pénitentiaires face aux risques de propagation de la Covid-19.

En France, l'encellulement individuel, qui prévoit que chaque détenu doit être incarcéré dans une cellule individuelle, également dénommé « régime cellulaire », a été adopté par la circulaire Duchâtel de 1841 qui a été très partiellement appliquée mais surtout limitée aux courtes peines et aux détentions provisoires. C'est finalement l'article 1er de la loi Bérenger du 5 juin 1875 qui a prescrit l'encellulement individuel pour les prévenus et les condamnés à une peine maximale d'un an d'emprisonnement dans les prisons départementales. Même si cet encellulement individuel n'a jamais été véritablement appliqué, l'article 716 du CPP du 2 mars 1959 a repris ce principe tout en aménageant une dérogation en raison de l'encombrement temporaire des établissements.

Face aux difficultés de mise en œuvre de ce principe de l'encellulement individuel, l'État français a pris des moratoires successifs depuis plus de cent quarante ans dont celui adopté par l'article 100 de la loi n° 2009-1436 du 24 novembre 2009 pénitentiaire (*JORF* n° 0273 du 25 nov. 2009, p. 20192, texte n° 1), prorogé jusqu'au 31 décembre 2019 par la loi n° 2014-1655 du 29 décembre 2014 de finances rectificative pour 2014 (*JORF* n° 0301 du 30 déc. 2014, p. 22898, texte n° 3) et modifié par l'article 90 de la loi du 23 mars 2019 de programmation 2018-2022 et de réforme pour la justice qui prévoit que, jusqu'au 31 décembre 2022, il peut être dérogé au placement en cellule individuelle dans les maisons d'arrêt au motif tiré de ce que la distribution intérieure des locaux ou le nombre de personnes détenues présentes ne permet pas son application. La loi prévoit également que le gouvernement présentera au Parlement un rapport sur l'encellulement individuel, au dernier trimestre de l'année 2019 puis au troisième trimestre de l'année 2022, qui devra comprendre, en particulier, une information financière et budgétaire relative à l'exécution des programmes immobiliers pénitentiaires depuis la promulgation de cette même loi et à leur impact quant au respect de l'objectif de placement en cellule individuelle.

II. Fondamentaux à connaître sur la protection de la dignité humaine

A. La protection de l'article 3 de la Conv. EDH

La dignité humaine est protégée par l'article 3 de la Convention EDH qui prévoit que nul ne peut être soumis à la torture ni à des peines ou traitements inhumains ou dégradants.

Dès l'année 2000, la CEDH a consacré le droit de toute personne incarcérée à être détenue dans des conditions assurant le respect de la dignité humaine en jugeant qu'il revient à l'État de s'assurer que les conditions de détention ne soumettent pas l'intéressé à une détresse ou à une épreuve d'une intensité qui excède le niveau inévitable de souffrance inhérent à la détention (CEDH, 26 oct. 2000, *K. c. Pologne*, n° 30210/96).

L'État français a déjà été condamné pour non-respect du principe de la dignité humaine protégé par l'article 3 de la Convention EDH, et notamment en 2013 pour les conditions de détention d'un détenu dans la maison d'arrêt Charles III de Nancy (CEDH, 25 avril 2013, *C. c. France*, n° 40119/09). En 2015, la CEDH a jugé qu'il n'existait pas en 2012, en France, de recours effectif pour les détenus provisoires, incarcérés dans des conditions contraires à l'article 3 de la Convention EDH (CEDH, 21 mai 2015, *Y. c. France*, n° 50494/12). À retenir que la Cour a jugé, le 29 avril 2019, que le renvoi vers l'Algérie d'un étranger condamné en France pour des faits liés au terrorisme et interdit définitivement du territoire français n'emporterait pas violation de l'article 3 de la Convention EDH (CEDH, 29 avr. 2019, *A. M. c. France*, n° 12148/18).

Dans sa décision n° 9671/15 et 31 autres, *JMB et autres c. France* du 30 janvier 2020, la CEDH a alloué des indemnisations aux requérants et a recommandé à la France d'adopter des mesures générales afin notamment de supprimer le surpeuplement dans les établissements pénitentiaires et d'améliorer les conditions de détention. À l'origine de l'affaire se trouvent 32 requêtes dirigées contre la République française dont 29 ressortissants de cet État, un ressortissant cap verdien, un ressortissant polonais et un ressortissant marocain, qui ont saisi la CEDH entre le 20 février 2015 et le 20 novembre 2017 en vertu de l'article 34 de la Convention EDH.

Les requérants détenus dans des établissements pénitentiaires situés dans les territoires d'Outre-mer (Martinique, Polynésie française, Guadeloupe) ainsi que dans les maisons d'arrêt de Nîmes, Nice et Fresnes ont allégué en particulier, en se fondant sur les articles 3, 8 et 13 de la Convention EDH, que leurs conditions de détention sont ou étaient inhumaines et dégradantes et qu'ils ne disposent pas de recours effectif à cet égard. Dans cette affaire, la CEDH a invité la France à prendre des mesures générales pour mettre fin à la surpopulation qui gangrène les prisons françaises. En outre, constatant l'ineffectivité des voies de recours offertes aux personnes détenues, elle a recommandé à la France de mettre en place au profit des détenus un mécanisme permettant de redresser la situation dont ils sont victimes.

B. Loi n° 2021-403 du 8 avril 2021 tendant à garantir le droit au respect de la dignité en détention

Après la décision n° 2020-858/859 QPC du 2 octobre 2020, dans laquelle le Conseil constitutionnel a censuré l'alinéa 2 de l'article 144-1 du Code de procédure pénale faute d'ouvrir une possibilité de recours permettant qu'il soit mis fin à la détention provisoire au seul motif de ses conditions d'exécution contraires à la dignité humaine, dont l'abrogation était fixée au 1er mars 2021, le sénateur Jean-Noël Buffet a déposé, le 11 février 2021, une proposition de loi qui a abouti à la loi du 8 avril 2021 tendant à garantir le droit au respect de la dignité en détention.

Composée d'un article unique, cette loi insère dans le Code de procédure pénale (CPP) une nouvelle voie de recours qui permet à toute personne détenue dans un établissement pénitentiaire, qu'elle le soit à titre provisoire ou après condamnation, qu'elle soit prévenue ou définitivement condamnée, de saisir le juge judiciaire de conditions de détention qui seraient contraires à la dignité.

La procédure est précisée à l'article 803-8 du CPP nouvellement créé, auquel les articles 144-1 et 707, III renvoient. Elle est identiquement définie, que le recours soit exercé devant le juge des libertés et de la détention (JLD) par le détenu provisoire ou devant le juge de l'application des peines (JAP) par le condamné incarcéré en exécution d'une peine privative de liberté.

C. La jurisprudence des juridictions françaises

Dans sa décision n° 2004-343 et 344 DC du 27 juillet 1994, le Conseil constitutionnel a élevé le principe de la sauvegarde de la dignité de la personne humaine au niveau constitutionnel. Le juge administratif a ensuite fait application de ce principe dans les décisions n° 212813 du 29 décembre 2000 et n° 222741 du 26 novembre 2001.

Le Conseil constitutionnel a été saisi le 27 janvier 2021 par le Conseil d'État (décision n° 445873 du même jour) d'une question prioritaire de constitutionnalité (QPC) posée par l'association Section française de l'observatoire international des prisons relative à la conformité aux droits et libertés que la Constitution garantit des articles 707, 723-1 et 723-7 du CPP, dans leur rédaction résultant de la loi n° 2019-222 du 23 mars 2019 de programmation 2018-2022 et de réforme pour la justice, et des articles 720-1, 720-1-1 et 729 du même code. Dans sa décision n° 2021-898 QPC du 16 avril 2021, le Conseil a déclaré contraire à la Constitution le paragraphe III de l'article 707 du CPP, dans sa rédaction résultant de la loi du 23 mars 2019.

Dans un arrêt de section n° 412010 du 3 décembre 2018, *M. B.*, le Conseil d'État a jugé qu'en raison de la situation d'entière dépendance des personnes détenues vis-à-vis de l'administration pénitentiaire, l'appréciation du caractère attentatoire à la dignité des conditions de détention dépend notamment de leur vulnérabilité, appréciée compte tenu de leur âge, de leur état de santé, de leur personnalité et, le cas échéant, de leur handicap, ainsi que de la nature et de la durée des manquements constatés et eu égard aux contraintes qu'implique le maintien de la sécurité et du bon ordre dans les établissements pénitentiaires. Les conditions de détention s'apprécient au regard de l'espace de vie individuel réservé aux personnes détenues, de la promiscuité engendrée, le cas échéant, par la suroccupation des cellules, du respect de l'intimité à laquelle peut prétendre tout détenu, dans les limites inhérentes à la détention, de la configuration des locaux, de l'accès à la lumière, de l'hygiène et de la qualité des installations sanitaires et de chauffage. Seules des conditions de détention qui porteraient atteinte à la dignité humaine, appréciées à l'aune de ces critères et des articles D. 349 à D. 351 du CPP, révèlent l'existence d'une faute de nature à engager la responsabilité de la puissance publique. Une telle atteinte, si elle est caractérisée, est de nature à engendrer, par elle-même, un préjudice moral pour la personne qui en est la victime qu'il incombe à l'État de réparer. À conditions de détention constantes, le seul écoulement du temps aggrave l'intensité du préjudice subi. Le préjudice moral subi par un détenu à raison de conditions de détention attentatoires à la dignité humaine revêt un caractère continu et évolutif. Par ailleurs, rien ne fait obstacle à ce que ce préjudice soit mesuré dès qu'il a été subi. Il s'ensuit, enfin, que la créance indemnitaire qui résulte de ce préjudice doit être rattachée, dans la mesure où il s'y rapporte, à chacune des années au cours desquelles il a été subi.

Pour l'application de l'article L. 521-2 (référé liberté) du CJA, le droit au respect de la vie, le droit de ne pas être soumis à des traitements inhumains ou dégradants ainsi que le droit de recevoir les traitements et les soins appropriés à son état de santé constituent des libertés fondamentales au sens des dispositions de cet article.

Dans l'arrêt n° 20-81739 du 8 juillet 2020, la Chambre criminelle de la Cour de cassation a jugé qu'il appartient au juge national, chargé d'appliquer la Convention, de tenir compte, sans attendre une éventuelle modification des textes législatifs ou réglementaires, de la décision de la CEDH condamnant la France pour le défaut de recours préventif permettant de mettre fin à des conditions de détention indignes.

III. Action du contrôleur général des lieux de privation de liberté

L'article 1er de la loi n° 2007-1545 du 30 octobre 2007 modifiée instituant un Contrôleur général des lieux de privation de liberté (CGLPL) prévoit que celui-ci, autorité administrative indépendante, est chargé, sans préjudice des prérogatives que la loi attribue aux autorités judiciaires ou juridictionnelles, de contrôler les conditions de prise en charge et de transfèrement des personnes privées de liberté, afin de s'assurer du respect de leurs droits fondamentaux. Il exerce, aux mêmes fins, le contrôle de l'exécution par l'administration des mesures d'éloignement prononcées à l'encontre d'étrangers jusqu'à leur remise aux autorités de l'État de destination.

Il s'assure que les droits à la vie, à l'intégrité physique et psychique ou à ne pas être soumis à un traitement inhumain ou dégradant sont respectés. Il revient également au CGLPL de veiller à un juste équilibre entre le respect des droits fondamentaux des personnes et les considérations d'ordre public et de sécurité, notamment en matière de droit à la vie privée et familiale, au travail et à la formation, d'accès aux soins ainsi qu'à la liberté d'expression. À cette fin, il rend des recommandations et avis ainsi que des rapports et des communiqués.

Le CGLPL a alerté les ministres de la Santé et de la Justice, le 25 janvier 2021, sur la situation spécifique des personnes privées de liberté et des professionnels qui les prennent en charge en précisant qu'au 21 janvier 2021, 235 agents pénitentiaires étaient contaminés et 134 détenus, alors qu'ils étaient seulement 24 au début du mois, soit une hausse de 165 %.

Le CGLPL a été informé d'un important cluster de Covid-19 à la maison d'arrêt de Tours, le 31 mars 2021, où 65 détenus et quatre membres du personnel ont été testés positifs, étant précisé que cet établissement pénitentiaire était occupé à 150 % au 1er février, soit 218 détenus pour 145 places.

Au *JORF* du 18 mai 2021 et en application de la procédure d'urgence, le CGLPL a publié des recommandations relatives au centre de détention de Bédenac (Charente-Maritime). En effet, l'article 9 de la loi du 30 octobre 2007 permet au CGLPL, lorsqu'il constate une violation grave des droits fondamentaux des personnes privées de liberté, de saisir sans délai les autorités compétentes de ses observations en leur demandant d'y répondre. Le ministre de la Justice, le ministre de la Solidarité et de la Santé ainsi que le ministre de l'Intérieur ont été destinataires de ces recommandations qui résultaient d'une visite du centre de détention de Bédenac, réalisée du 29 mars au 2 avril 2021 par six contrôleurs, qui a donné lieu au constat d'atteintes graves aux droits fondamentaux des personnes incarcérées au sein de l'unité de soutien et d'autonomie (ou bâtiment G), initialement conçue pour accueillir des personnes détenues vieillissantes nécessitant d'être hébergées en cellule pour personnes à mobilité réduite.

IV. Corpus juridique de référence

– Convention EDH, notamment art. 2, 3 et 8

– Déclaration universelle des droits de l'homme du 10 décembre 1948, notamment son préambule

– Charte des droits fondamentaux de l'Union européenne du 7 décembre 2000, notamment son art. 1er (Elle est devenue contraignante juridiquement avec la ratification du traité de Lisbonne)

– CJCE, 14 oct. 2004, affaire *Omega*, n° C-36/02 (La dignité humaine constitue un PGD pour la Cour)

– CJUE, 2 juill. 2020, *W. M.*, n° C-18/19 (Autorisation de placement en rétention dans les établissements pénitentiaires en cas de menace pour l'ordre public et la sécurité publique)

– CEDH, 22 nov. 1995, *SW c. Royaume-Uni* et *C.R. c. Royaume-Uni*, n° 20166/92 (Le respect de la dignité et de la liberté humaines est l'essence même des objectifs fondamentaux de la Convention)

– CEDH, Gde ch., 26 oct. 2000, *K. c. Pologne*, n° 30210/96

– CEDH, 31 juill. 2001, *Parti de la prospérité c. Turquie*, n° 41340/98 (Les droits de l'homme constituent un système intégré visant à protéger la dignité de l'être humain)

– CEDH, 25 avr. 2013, *C. c. France*, n° 40119/09

– CEDH, 21 mai 2015, *Y. c. France*, n° 50494/12

– CEDH, 20 oct. 2016, *M. c. Croatie*, n° 7334/13 (La CEDH confirme que 3 m² de surface au sol par détenu constituent la norme de référence pour apprécier les conditions de détention en cellule collective)

– CEDH, 29 avr. 2019, *A. M. c. France*, n° 12148/18

– CEDH, 30 janv. 2020, *JMB et autres c. France*, n° 9671/15 et 31 autres (Condamnation de la France pour conditions de détention indignes)

– CEDH, 14 mai 2020, *Cyril A. c. France*, n° 5499/15 (La CEDH estime que le maintien en isolement du requérant détenu en prison n'a pas violé l'art. 3 de la Convention, et déclare donc la requête irrecevable. En effet, l'état de santé du requérant ne justifiait pas, en tout état de cause, le recours à une évaluation de son aptitude à être placé à l'isolement après sa sortie de l'unité psychiatrique d'hospitalisation (UPH). Son état de santé ne nécessitait pas non plus des aménagements de sa détention. Enfin, la CEDH estime que le requérant avait bénéficié des garanties procédurales minimales requises en la matière, visant à éviter tout risque de décision arbitraire)

– Cons. const., 27 juill. 1994, nº 94-343/344 DC, Loi relative au respect du corps humain et loi relative au don et à l'utilisation des éléments et produits du corps humain, à l'assistance médicale à la procréation et au diagnostic prénatal (La dignité humaine est érigée en principe à valeur constitutionnelle)

– Cons. const., 26 juin 2020, nº 2020-846/847/848 QPC, *M. Oussman G. et autres* (Le Conseil constitutionnel juge conformes à la Constitution les dispositions réprimant la violation réitérée du confinement, auquel le pouvoir réglementaire ne peut aménager d'exceptions que strictement proportionnées aux risques sanitaires encourus et appropriées aux circonstances de temps et de lieu)

– Cons. const., 3 juill. 2020, nº 2020-851/852 QPC, *M. Sofiane A. et autres* (Le Conseil constitutionnel déclare conformes à la Constitution des dispositions d'habilitation de la loi du 23 mars 2020 d'urgence pour faire face à l'épidémie de Covid-19 mais juge qu'elles ne pouvaient dispenser le gouvernement de respecter les exigences de l'article 66 de la Constitution s'agissant notamment de l'intervention du juge judiciaire en cas de prolongation d'une détention provisoire)

– Cons. const., 16 avril 2021, *Section française de l'observatoire international des prisons*, nº 2021-898 QPC (Conditions d'incarcération des détenus – le Conseil déclare contraire à la Constitution le paragraphe III de l'article 707 du Code de procédure pénale, dans sa rédaction résultant de la loi du 23 mars 2019).

– Cons. const., 2 oct. 2020, nº 2020-858/859 QPC, Conditions d'incarcération des détenus prévenus

– Loi n° 2007-1545 du 30 octobre 2007 modifiée instituant un Contrôleur général des lieux de privation de liberté

– Loi n° 2009-1436 du 24 novembre 2009 pénitentiaire

– Loi n° 2020-290 du 23 mars 2020 d'urgence pour faire face à l'épidémie de Covid-19.

– Loi n° 2021-403 du 8 avril 2021 tendant à garantir le droit au respect de la dignité en détention

– CE, ass., 27 oct. 1995, *Commune de Morsang-sur-Orge*, n° 136727 (Affaire dans laquelle la sauvegarde de la dignité de la personne humaine constitue un motif d'ordre public justifiant une mesure de police et non un motif susceptible d'entacher une telle mesure d'illégalité)

– CE, 29 déc. 2000, *D.*, n° 212813 (Application du principe de sauvegarde de la dignité de la personne humaine)

– CE, 26 nov. 2001, *Association Liberté Information Santé et autres*, n° 222741 (Application du principe de sauvegarde de la dignité de la personne humaine)

– CE, 3 déc. 2010, *Mme S.*, n° 334683 (Le juge administratif exerce un contrôle normal sur le point de savoir si un décret d'extradition a méconnu le principe de sauvegarde de la dignité de la personne humaine)

– CE, sect., 3 déc. 2018, *M. B.*, n° 412010 (Le Conseil d'État apporte des précisions sur l'appréciation et l'indemnisation du préjudice moral résultant du caractère attentatoire à la dignité des détenus)

– CE, juge des référés, 8 avr. 2020, Section française de l'Observatoire international des prisons et autres, n° 439827

– CE, juge des référés, 7 mai 2020, *garde des Sceaux, ministre de la Justice c. l'Ordre des avocats du barreau de Martinique*, n° 440151

– CE, CHR, 19 oct. 2020, *garde des Sceaux, ministre de la Justice c. Section française de l'Observatoire international des prisons*, n° 439372 (Seul le législateur peut faire évoluer l'office du juge du référé-liberté pour en faire une voie de recours effective pour remédier à des conditions de détention contraires à la dignité humaine)

– CE, 30 nov. 2020, *Section française de l'Observatoire international des prisons*, n° 431775 (Les détenus qui travaillent n'ont pas droit à des congés payés)

– Cass. crim., 8 juill. 2020, n° 20-81739 (Dans le prolongement de l'arrêt *JMB et autres c. France* de la CEDH, la Cour de cassation procède à un infléchissement sérieux de sa jurisprudence antérieure et juge qu'une atteinte à la dignité de la personne en raison des conditions de détention peut constituer un obstacle légal au placement ou au maintien en détention provisoire)

V. Exemple de sujet avec son corrigé portant sur le principe de l'encellulement individuel en France

Sujet : La France respecte-t-elle le principe de l'encellulement individuel ?

Introduction

Accroche : Constat de la surpopulation carcérale en France (cf. I. et III *supra*).

Historique : Le principe de l'encellulement individuel a été posé dès la loi du 5 juin 1875 sur le régime des prisons départementales qui prévoyait à son article 1er que : « Les inculpés, prévenus et accusés seront à l'avenir individuellement séparés pendant le jour et la nuit » et à son article 2 que : « Seront soumis à l'emprisonnement individuel les condamnés à un emprisonnement d'un an et un jour et au-dessous ».

Définition : L'encellulement individuel est un principe qui vise à offrir à toute personne incarcérée un espace vital dans lequel elle se trouve protégée d'autrui et où elle peut ainsi préserver son intimité et se soustraire aux violences et aux menaces des rapports sociaux en prison.

Problématique : La non-application du principe de l'encellulement individuel par la France engendre des conséquences pour l'État français.

Annonce du plan

I. La France réaffirme régulièrement le principe de l'encellulement individuel tout en décalant dans le temps son application

Annonce des deux sous-parties :

1.1. Un principe consacré

– L'art. 22 de la loi n° 2009-1436 du 24 novembre 2009 pénitentiaire dispose que l'administration pénitentiaire garantit à toute personne détenue le respect de sa dignité et de ses droits. L'exercice de ceux-ci ne peut faire l'objet d'autres restrictions que celles résultant des contraintes inhérentes à la détention, du maintien de la sécurité et du bon ordre des établissements, de la prévention de la récidive et de la protection de l'intérêt des victimes. Ces restrictions tiennent compte de l'âge, de l'état de santé, du handicap et de la personnalité de la personne détenue.

– L'art. 44 de la même loi prévoit que toute personne détenue victime d'un acte de violence caractérisé commis par un ou plusieurs codétenus fait l'objet d'une surveillance et d'un régime de détention particuliers et qu'elle bénéficie prioritairement d'un encellulement individuel.

– Une application différenciée du principe en fonction du type d'établissement pénitentiaire (établissement pour peines, centre de détention, centre de semi-liberté autonome et centre pour peines aménagées, établissement pour mineurs, maison d'arrêt).

1.2. Une application différée

– Les causes : augmentation du nombre de condamnations et insuffisance des moyens budgétaires consacrés à l'administration pénitentiaire

– Face aux difficultés de mise en œuvre de ce principe de l'encellulement individuel, l'État français a pris des moratoires successifs depuis plus de cent quarante ans : (cf. I. *supra*).

Transition : L'absence d'application du principe de l'encellulement individuel a des effets pour l'État français.

II. Les conséquences pour l'État français de la non-application du principe de l'encellulement individuel

Annonce des deux sous-parties :

2.1. Les condamnations par la CEDH, le Conseil d'État et la Cour de cassation (cf. II. *supra*)

2.2. Les préconisations du CGLPL (cf. III. *supra*)

Conclusion

Synthèse : Le principe de l'encellulement individuel n'est pas appliqué par l'État français qui s'expose alors à des condamnations par la CEDH, le Conseil d'État et la Cour de cassation.

Ouverture possible : Les mesures prises durant l'état d'urgence sanitaire par le gouvernement pour réduire la surpopulation carcérale.

VI. Exemples de questions sur le thème de la dignité humaine

– Quelle est la surface au sol par détenu qui constitue la norme de référence pour apprécier les conditions de détention en cellule collective ?

– Quelle est l'influence du principe de dignité humaine sur l'évolution du droit public de la vie en détention ?

– Qu'est-ce que représente pour vous le respect de la dignité humaine ?

– Des fouilles de détenus par le personnel de l'administration pénitentiaire peuvent-elles être attentatoires à la dignité humaine ?

– Quelle est la valeur juridique du principe de sauvegarde de la dignité humaine ?

– Auprès de quel juge et comment un détenu peut-il demander l'indemnisation du préjudice moral qu'il estime avoir subi du fait du caractère attentatoire à sa dignité de ses conditions de détention ?

– La France a-t-elle été condamnée par des juridictions pour non-respect du principe de la dignité humaine ? Si oui, lesquelles ?

– Un arrêté municipal peut-il interdire un spectacle au motif qu'il comporte des propos portant atteinte à la dignité humaine ?

– Quel est le rôle du Contrôleur général des lieux de privation de liberté ?

– À quoi sert la Cour européenne des droits de l'homme ?

– La Charte des droits fondamentaux de l'Union européenne est-elle contraignante juridiquement ?

– Pourquoi le Conseil d'État juge-t-il des affaires en « assemblée du contentieux » ?

– Quelles sont les différentes formations de jugement de la Cour de cassation et du Conseil d'État ?

30 juillet 2020 : Loi visant à protéger les victimes de violences conjugales

Cette loi tire les conséquences des violences qui interviennent dans le huis clos familial

Le 25 novembre 2019, à l'occasion de la journée internationale pour l'élimination de la violence à l'égard des femmes, s'est achevé le Grenelle contre les violences conjugales qui avait été lancé par le gouvernement, le 3 septembre 2019. Dès son lancement, le Premier ministre a présenté des mesures pour mieux prévenir les violences conjugales et punir leurs auteurs, et notamment l'identification de procureurs référents spécialisés dans 172 tribunaux, la mise en place du bracelet anti-rapprochement pour éloigner les conjoints violents et la modification de la législation sur l'autorité parentale afin de prévoir la possibilité de suspendre ou d'aménager l'autorité parentale après le dépôt d'une plainte ou la suspension de plein droit de l'autorité parentale en cas d'homicide volontaire par le conjoint.

Ces travaux, ainsi que ceux de la délégation aux victimes des directions générales de la police nationale et de la gendarmerie nationale dont l'étude nationale 2018 portant sur les morts violentes au sein du couple, rendue publique le 10 juillet 2019, révèle que 149 personnes sont décédées sous les coups de leur partenaire ou de leur ex-partenaire de vie, ont servi dans le cadre de la préparation de la loi n° 2020-936 du 30 juillet 2020 visant à protéger les victimes de violences conjugales. L'exposé des motifs du projet de loi exposait qu'en France, 120 à 150 « féminicides » ont lieu chaque année et plus de 220 000 femmes sont victimes de violences avec 170 000 enfants qui y assistent.

I. Fondamentaux à connaître

Les femmes bénéficient universellement des droits et principes consacrant l'égalité, la sécurité, la liberté, l'intégrité et la dignité de tous les êtres humains qui sont consacrés notamment dans la Déclaration universelle des droits de l'homme, le Pacte international relatif aux droits civils et politiques, le Pacte international relatif aux droits économiques, sociaux et culturels, la Convention sur l'élimination de toutes les formes de discrimination à l'égard des femmes et la Convention contre la torture et autres peines ou traitements cruels, inhumains ou dégradants.

Dans un arrêt *O. contre Turquie* du 9 juin 2009, la CEDH a jugé, pour la première fois, que la violence domestique résultait d'une discrimination envers les femmes et a condamné la Turquie sur le fondement de l'article 14 de la Convention EDH (interdiction de la discrimination) combiné avec les articles 2 (droit à la vie) et 3 (interdiction des traitements inhumains et dégradants).

La CEDH a également condamné des situations liées à la violence conjugale en adoptant une interprétation extensive de l'article 8 de la Convention EDH (vie privée et familiale) pour mieux protéger les victimes. À titre d'illustration, elle a énoncé le droit de jouissance paisible du domicile dans l'arrêt *K. contre Hongrie* en 2012.

La France a ratifié la Convention d'Istanbul adoptée en 2011, le 4 juillet 2014, qui est entrée en vigueur depuis le 1er août 2014. C'est le premier instrument européen contraignant qui instaure un cadre juridique ayant pour objectif d'anticiper les violences faites aux femmes, de créer une meilleure protection des victimes et de veiller à ce que les auteurs de ces actes soient poursuivis en justice. Son article 3 reconnaît pour la première fois que les violences faites aux femmes constituent une violation des droits humains.

Les droits en cause sont nombreux et regroupent, en particulier, le droit à la vie, le droit à l'égalité, le droit à la liberté et à la sûreté de la personne, le droit à une égale protection de la loi, le droit de ne subir de discrimination sous aucune forme, le droit au meilleur état de santé physique et mentale possible, le droit à des conditions de travail équitables et satisfaisantes, le droit de ne pas être soumis à la torture ni à des peines ou traitements cruels, inhumains ou dégradants.

Au niveau national, la loi n° 2020-936 du 30 juillet 2020 visant à protéger les victimes de violences conjugales s'inscrit dans cette dynamique d'ensemble, ayant, en outre, été précédée récemment de la loi n° 2019-1480 du 28 décembre 2019 visant à agir contre les violences au sein de la famille qui comprend plusieurs dispositions relatives à l'ordonnance de protection et à la médiation familiale et de la loi n° 2019-721 du 10 juillet 2019 relative à l'interdiction des violences éducatives ordinaires dite « loi anti-fessée ».

II. Premier rapport d'activité 2020-2021 du comité national de l'ordonnance de protection

Le comité national de l'ordonnance de protection (CNOP) a rendu son premier rapport d'activité, le 25 juin 2021, après son installation, le 23 juin 2020. Il a pour mission de suivre l'application de loi du 28 décembre 2019 visant à agir contre les violences au sein de la famille.

Dans ce cadre, les travaux du CNOP ont pour objet de s'assurer de la mise en place d'un dispositif opérationnel permettant de respecter le délai maximal de six jours fixé par le législateur pour qu'une ordonnance de protection soit prise à compter de la fixation de la date d'audience tout en respectant les droits de la défense.

Cette ordonnance de protection vise à protéger les femmes victimes et peut être déposée sans plainte, étant précisé qu'elle n'a pas pour objet la condamnation de l'auteur, mais la protection de la victime en appliquant le principe de précaution.

À l'issue de cette première année, le CNOP a formulé huit préconisations, à savoir : « Le retrait de la notion de "danger" de la loi ; Une participation active du parquet ; Le retrait des armes ; L'intégration des frais de signification au défendeur de la décision d'acceptation de l'OP en frais de justice ; L'augmentation du montant des unités de valeur (UV) ou du nombre d'UV pour les avocats travaillant dans l'urgence et acceptant l'aide juridictionnelle (AJ) ; Mieux valoriser le rôle des avocats et des associations ; L'effort de formation ; L'organisation d'une campagne de communication pour informer les professionnels et les femmes elles-mêmes sur l'ordonnance de protection ».

III. Levée du secret médical en cas de violences conjugales et d'emprise

L'article L. 1110-4 du CSP prévoit que toute personne prise en charge par un professionnel de santé, un établissement ou service, un professionnel ou organisme concourant à la prévention ou aux soins dont les conditions d'exercice ou les activités sont régies par le même code, le service de santé des armées, un professionnel du secteur médico-social ou social ou un établissement ou service social et médico-social mentionné au I de l'article L. 312-1 du CASF, a droit au respect de sa vie privée et du secret des informations la concernant. Excepté dans les cas de dérogation expressément prévus par la loi, ce secret couvre l'ensemble des informations concernant la personne venue à la connaissance du professionnel, de tout membre du personnel de ces établissements, services ou organismes et de toute autre personne en relation, par ses activités, avec ces établissements ou organismes. Il s'impose à tous les professionnels intervenant dans le système de santé.

Le secret médical est donc un principe de valeur législative garanti tout particulièrement par l'article L. 1110-4 du CSP.

Sa violation ou l'atteinte au secret professionnel est pénalement répréhensible dès lors que l'article 226-13 du Code pénal prévoit que la révélation d'une information à caractère secret par une personne qui en est dépositaire soit par état ou par profession, soit en raison d'une fonction ou d'une mission temporaire, est punie d'un an d'emprisonnement et de 15 000 euros d'amende.

Par conséquent, afin de mieux protéger les victimes de violences conjugales, la loi du 30 juillet 2020 a complété l'article 226-14 du Code pénal qui prévoit, d'une part, que l'article 226-13 du Code pénal n'est pas applicable dans les cas où la loi impose ou autorise la révélation du secret et envisage, d'autre part, trois situations dans lesquelles il n'est, en outre, pas applicable.

À cette fin, le 3° de l'article 226-14 du Code pénal devient un 4° et le nouveau 3° prévoit dorénavant que l'article 226-13 du Code pénal n'est pas applicable au médecin ou à tout autre professionnel de santé qui porte à la connaissance du procureur de la République une information relative à des violences exercées au sein du couple relevant de l'article 132-80 du même code, lorsqu'il estime en conscience que ces violences mettent la vie de la victime majeure en danger immédiat et que celle-ci n'est pas en mesure de se protéger en raison de la contrainte morale résultant de l'emprise exercée par l'auteur des violences. Le médecin ou le professionnel de santé doit s'efforcer d'obtenir l'accord de la victime majeure ; en cas d'impossibilité d'obtenir cet accord, il doit l'informer du signalement fait au procureur de la République.

Enfin, il y a lieu de rappeler que l'article R. 4126-26 du CSP, créé par le décret n° 2007-434 du 25 mars 2007 relatif au fonctionnement et à la procédure disciplinaire des conseils de l'ordre des médecins, des chirurgiens-dentistes, des sages-femmes, des pharmaciens, des masseurs-kinésithérapeutes et des pédicures-podologues et modifiant le Code de la santé publique (dispositions réglementaires), prévoit que si, en principe, les affaires sont examinées en audience publique, le président peut toutefois, d'office ou à la demande d'une des parties, interdire l'accès de la salle pendant tout ou partie de l'audience dans l'intérêt de l'ordre public ou lorsque le respect de la vie privée ou du secret médical le justifie.

IV. Corpus juridique de référence

– Constitution du 4 octobre 1958

– Déclaration universelle des droits de l'homme de 1948 (valeur déclarative)

– Pacte international relatif aux droits civils et politiques de New York du 16 décembre 1966, entré en vigueur le 23 mars 1976 (adhésion de la France le 4 novembre 1980)

– Pacte international relatif aux droits économiques, sociaux et culturels de New York du 16 décembre 1966, entré en vigueur le 3 janvier 1976 (adhésion de la France le 4 novembre 1980)

– Convention contre la torture et autres peines ou traitements cruels, inhumains ou dégradants de New York du 10 décembre 1984 (signée par la France le 4 février 1985 et ratifiée le 18 février 1986)

– Convention EDH, notamment art. 2, 3, 8 et 14

– Convention du Conseil de l'Europe sur la prévention et la lutte contre la violence à l'égard des femmes et la violence domestique, dite « Convention d'Istanbul », adoptée en 2011 et entrée en vigueur depuis le 1er août 2014 (ratifiée par la France, le 4 juillet 2014)

– Directive 2012/29/UE du Parlement européen et du Conseil du 25 octobre 2012 établissant des normes minimales concernant les droits, le soutien et la protection des victimes de la criminalité et remplaçant la décision-cadre 2001/220/JAI du Conseil

– CEDH, 9 juin 2009, *O. c. Turquie*, n° 33401/02 (La CEDH juge que la violence domestique résultait d'une discrimination envers les femmes et a condamné la Turquie sur le fondement de l'art. 14 de la Convention EDH combiné avec les art. 2 et 3)

– CEDH, 24 avr. 2012, *K. c. Hongrie*, n° 57693/10 (La Hongrie a méconnu l'art. 8 de la Convention EDH en ne protégeant pas une femme des violences de son compagnon alors qu'elle avait demandé à plusieurs reprises qu'il soit expulsé de leur appartement)

– Code de la santé publique

– Code pénal

– Code de l'action sociale et des familles

– Loi n° 2004-439 du 26 mai 2004 relative au divorce

– Loi n° 2005-1549 du 12 décembre 2005 relative au traitement de la récidive des infractions pénales

– Loi n° 2006-399 du 4 avril 2006 renforçant la prévention et la répression des violences au sein du couple ou commises contre les mineurs

– Loi n° 2010-769 du 9 juillet 2010 relative aux violences faites spécifiquement aux femmes, aux violences au sein des couples et aux incidences de ces dernières sur les enfants

– Loi n° 2012-954 du 6 août 2012 relative au harcèlement sexuel

– Loi n° 2013-711 du 5 août 2013 portant diverses dispositions d'adaptation dans le domaine de la justice en application du droit de l'Union européenne et des engagements internationaux de la France

– Loi n° 2014-873 du 4 août 2014 pour l'égalité réelle entre les femmes et les hommes

– Loi n° 2015-925 du 29 juillet 2015 relative à la réforme du droit d'asile

– Loi n° 2015-993 du 17 août 2015 portant adaptation de la procédure pénale au droit de l'Union européenne

– Loi n° 2016-274 du 7 mars 2016 relative au droit des étrangers en France

– Loi n° 2016-444 du 13 avril 2016 visant à renforcer la lutte contre le système prostitutionnel et à accompagner les personnes prostituées

– Loi n° 2018-703 du 3 août 2018 renforçant la lutte contre les violences sexuelles et sexistes

– Loi n° 2019-721 du 10 juillet 2019 relative à l'interdiction des violences éducatives ordinaires dite « loi anti-fessée »

– Loi n° 2019-1480 du 28 décembre 2019 visant à agir contre les violences au sein de la famille

– Loi n° 2020-936 du 30 juillet 2020 visant à protéger les victimes de violences conjugales

– Loi n° 2021-478 du 21 avril 2021 visant à protéger les mineurs des crimes et délits sexuels et de l'inceste

– Projet de loi autorisant la ratification de la convention n° 190 de l'OIT relative à l'élimination de la violence et du harcèlement dans le monde du travail, présenté au Conseil des ministres du 2 juin 2021

– Décret n° 2020-683 du 4 juin 2020 autorisant le déblocage anticipé de l'épargne salariale en cas de violences conjugales

– Décret n° 2020-841 du 3 juillet 2020 modifiant les articles 1136-3 du Code de procédure civile et R. 93 du Code de procédure pénale

– Décret n° 2020-1161 du 23 septembre 2020 relatif à la mise en œuvre d'un dispositif électronique mobile anti-rapprochement

V. Exemple de sujet avec son corrigé portant sur les violences conjugales

Sujet : Les pouvoirs publics agissent-ils contre les violences conjugales ?

Introduction

Accroche : Les chiffres des violences faites aux femmes sont élevés. Quarante-huit femmes ont été tuées au cours des six premiers mois de l'année 2021 et près de 220 000 déclarent chaque année subir des violences alors que seules 18 % d'entre elles portent plainte.

Définition : Les violences conjugales peuvent se caractériser différemment que ce soient par des faits de violences psychologiques, physiques, ou encore sexuelles. Elles ont toutefois toutes en commun que la victime et l'auteur sont dans une relation sentimentale. Ils peuvent ainsi être mariés, concubins ou pacsés. Les faits sont également punis, même si le couple est divorcé, séparé ou a rompu son Pacs.

Problématique : Les pouvoirs publics sont intervenus à plusieurs reprises pour mettre en place un dispositif de prévention et de lutte contre les violences conjugales en raison de la multiplication de ces dernières.

Annonce du plan

I. Une politique publique volontariste mise en place depuis plusieurs années en matière de prévention et de lutte contre les violences conjugales

Annonce des deux sous-parties

1.1. Un corpus juridique constamment renforcé

1.2. Un engagement et une mobilisation sans précédents des pouvoirs publics

Transition : Malgré une politique publique volontariste mise en place depuis plusieurs années, la situation en matière de violences conjugales demeure encore alarmante.

II. La situation des violences conjugales demeure encore alarmante

Annonce des deux sous-parties

2.1. Les données chiffrées en la matière restent préoccupantes

2.2. La nécessité d'accroître les moyens budgétaires pour renforcer la prévention et les moyens de lutte contre les violences conjugales

Conclusion

Synthèse : Malgré la mobilisation des pouvoirs publics contre les violences conjugales, ces dernières ne semblent pas diminuer.

Ouverture possible : Les procureurs demandent notamment que chaque parquet soit doté d'un assistant spécialisé ou d'un juriste assistant consacré spécifiquement aux violences conjugales.

VI. Exemples de questions sur le thème des violences conjugales

– Quelles sont les libertés fondamentales violées par les violences conjugales ?

– Quelles sont les mesures que la loi n° 2020-936 du 30 juillet 2020 visant à protéger les victimes de violences conjugales prévoit pour protéger les victimes de tels actes ?

– Le secret médical ou secret professionnel des médecins ou de tout autre professionnel de santé est-il absolu ou prévoit-il des exceptions ?

– Qu'est-ce que le serment d'Hippocrate ? Quelle est sa valeur juridique ? serment traditionnel prêté par médecins en occident avant de commencer à exercer.

– Citez un cas de « danger immédiat » qui permettrait à un médecin ou à tout autre professionnel de santé de déroger au secret professionnel.

– La géolocalisation d'une personne sans son consentement par le biais de logiciel espion est-elle réprimée ?

– Lors d'une consultation juridique, une personne évoque des actes de « cyber-violences conjugales », que peut-il lui être conseillé ?

– La violation du secret des correspondances par un conjoint ou ex-conjoint vous semble-t-elle pouvoir être une « circonstance aggravante » ?

– Que prévoit la loi du 30 juillet 2020 visant à protéger les victimes de violences conjugales en cas de harcèlement au sein du couple ?

– Définissez les notions de harcèlement sexuel et de harcèlement moral.

– Pouvez-vous citer quelques préconisations du premier rapport d'activité 2020-2021 du Comité national de l'ordonnance de protection ?

17 octobre 2020 : État d'urgence sanitaire

Le décret n° 2020-1257 du 14 octobre 2020 déclare l'état d'urgence sanitaire sur l'ensemble du territoire de la République, à compter du 17 octobre 2020 à 0 heure.

L'émergence d'un nouveau coronavirus, responsable de la maladie à coronavirus 2019 ou Covid-19, particulièrement contagieux, a été qualifiée d'urgence de santé publique de portée internationale par l'Organisation mondiale de la santé (OMS), le 30 janvier 2020, puis de pandémie, le 11 mars 2020. La propagation du virus sur le territoire français a conduit le ministre des Solidarités et de la Santé puis le Premier ministre à prendre, à compter du 4 mars 2020, des mesures de plus en plus strictes destinées à réduire les risques de contagion.

Le législateur, par l'article 4 de la loi du 23 mars 2020 d'urgence pour faire face à l'épidémie de Covid-19, a déclaré l'état d'urgence sanitaire pour une durée de deux mois à compter du 24 mars 2020, puis, par l'article 1er de la loi du 11 mai 2020 prorogeant l'état d'urgence sanitaire et complétant ses dispositions, a prorogé cet état d'urgence sanitaire jusqu'au 10 juillet 2020 inclus.

Au vu de l'évolution de la situation sanitaire, les mesures générales adoptées par décret ont assoupli progressivement les sujétions imposées afin de faire face à l'épidémie avant que l'état d'urgence sanitaire soit de nouveau déclaré, à compter du 17 octobre 2020 à 0 heure, sur l'ensemble du territoire de la République.

Par une ordonnance n° 445367 du 29 octobre 2020, le juge des référés du Conseil d'État, sur le fondement de l'article L. 521-1 du Code de justice administrative, a rejeté une requête tendant à ordonner la suspension de l'exécution du décret n° 2020-1257 du 14 octobre 2020 déclarant l'état d'urgence sanitaire.

La loi n° 2021-689 du 31 mai 2021 relative à la gestion de la sortie de crise sanitaire met fin à l'état d'urgence sanitaire le 1er juin 2021, sauf en Guyane où il est prolongé jusqu'au 30 septembre 2021 inclus.

Le décret n° 2021-931 du 13 juillet 2021 déclarant l'état d'urgence sanitaire dans certains territoires de la République déclare ainsi l'état d'urgence sanitaire sur les territoires de la Martinique et de La Réunion, entrant en vigueur le 14 juillet 2021 à 0 heure.

I. Fondamentaux à connaître sur l'état d'urgence sanitaire

A. La loi n° 2020-290 du 23 mars 2020

La loi du 23 mars 2020 d'urgence pour faire face à l'épidémie de Covid-19 a institué un état d'urgence sanitaire en ajoutant au titre III du livre Ier de la troisième partie du CSP, dorénavant dénommé « Menaces et crises sanitaires graves », un chapitre Ier *bis* intitulé « État d'urgence sanitaire » qui comprend les articles L. 3131-12 à L. 3131-20.

L'article L. 3131-12, créé par l'article 2 de la loi du 23 mars 2020, version en vigueur avec terme au 31 décembre 2021, prévoit que l'état d'urgence sanitaire peut être déclaré sur tout ou partie du territoire métropolitain ainsi que du territoire des collectivités régies par les articles 73 et 74 de la Constitution et de la Nouvelle-Calédonie en cas de catastrophe sanitaire mettant en péril, par sa nature et sa gravité, la santé de la population.

L'article L. 3131-13, également créé par l'article 2 de la loi du 23 mars 2020, version en vigueur avec terme au 31 décembre 2021, dispose que l'état d'urgence sanitaire est déclaré par décret en Conseil des ministres pris sur le rapport du ministre chargé de la santé et qu'un décret motivé détermine la ou les circonscriptions territoriales à l'intérieur desquelles il entre en vigueur, reçoit application et comprend les données scientifiques disponibles sur la situation sanitaire qui ont motivé la décision sont rendues publiques. L'Assemblée nationale et le Sénat sont informés sans délai des mesures prises par le gouvernement au titre de l'état d'urgence sanitaire. L'Assemblée nationale et le Sénat peuvent requérir toute information complémentaire dans le cadre du contrôle et de l'évaluation de ces mesures. La prorogation de l'état d'urgence sanitaire au-delà d'un mois ne peut être autorisée que par la loi, après avis du comité de scientifiques prévu à l'article L. 3131-19 du CSP.

L'article L. 3131-14, créé par l'article 2 de la loi du 23 mars 2020 puis modifié par la loi n° 2020-546 du 11 mai 2020 prorogeant l'état d'urgence sanitaire et complétant ses dispositions, version en vigueur avec terme au 31 décembre 2021, prévoit que la loi autorisant la prorogation au-delà d'un mois de l'état d'urgence sanitaire fixe sa durée, qu'il peut être mis fin à l'état d'urgence sanitaire par décret en Conseil des ministres avant l'expiration du délai fixé par la loi le prorogeant après avis du comité de scientifiques prévu à l'article L. 3131-19 du CSP et que les mesures prises en application du chapitre Ier bis portant sur l'état d'urgence sanitaire cessent d'avoir effet en même temps que prend fin l'état d'urgence sanitaire.

L'article L. 3131-15, créé par l'article 2 de la loi du 23 mars 2020 puis modifié par la loi du 11 mai 2020 ainsi que par la loi n° 2020-856 du 9 juillet 2020 organisant la sortie de l'état d'urgence sanitaire, version en vigueur avec terme au 31 décembre 2021, prévoit, d'abord, que dans les circonscriptions territoriales où l'état d'urgence sanitaire est déclaré, le Premier ministre peut, par décret réglementaire pris sur le rapport du ministre chargé de la Santé, aux seules fins de garantir la santé publique, prendre différentes mesures, à savoir : réglementer ou interdire la circulation des personnes et des véhicules et réglementer l'accès aux moyens de transport et les conditions de leur usage ; interdire aux personnes de sortir de leur domicile, sous réserve des déplacements strictement indispensables aux besoins familiaux ou de santé ; ordonner des mesures ayant pour objet la mise en quarantaine, au sens de l'article 1er du règlement sanitaire international de 2005, des personnes susceptibles d'être affectées ; ordonner des mesures de placement et de maintien en isolement, au sens du même article 1er, à leur domicile ou tout autre lieu d'hébergement adapté, des personnes affectées ; ordonner la fermeture provisoire et réglementer l'ouverture, y compris les conditions d'accès et de présence, d'une ou plusieurs catégories d'établissements recevant du public ainsi que des lieux de réunion, en garantissant l'accès des personnes aux biens et services de première nécessité ; limiter ou interdire les rassemblements sur la voie publique ainsi que les réunions de toute nature ; ordonner la réquisition de toute personne et de tous biens et services nécessaires à la lutte contre la catastrophe sanitaire et l'indemnisation de ces réquisitions est régie par le Code de la défense ; en tant que de besoin, prendre toute mesure permettant la mise à la disposition des patients de médicaments appropriés pour l'éradication de la catastrophe sanitaire ; en tant que de besoin, prendre par décret toute autre mesure réglementaire limitant la liberté d'entreprendre, dans la seule finalité de mettre fin à la catastrophe sanitaire mentionnée à l'article L. 3131-12 du CSP.

Par une décision n° 441265 du 15 janvier 2021, le Conseil d'État a jugé que les dispositions du I et du II bis, dans leur version issue du décret n° 2020-724 du 14 juin 2020 (NOR : SSAZ2014912D), et du V de l'article 3 du décret n° 2020-663 du 31 mai 2020 prescrivant les mesures générales nécessaires pour faire face à l'épidémie de Covid-19 dans le cadre de l'état d'urgence sanitaire (NOR : SSAZ2013547D) sont annulées en tant qu'elles s'appliquent aux manifestations sur la voie publique mentionnées par l'article L. 211-1 du CSI.

Ensuite, les mesures prévues dans ce cadre ayant pour objet la mise en quarantaine, le placement et le maintien en isolement ne peuvent viser que les personnes qui, ayant séjourné au cours du mois précédent dans une zone de circulation de l'infection, entrent sur le territoire hexagonal, arrivent en Corse ou dans l'une des collectivités mentionnées à l'article 72-3 de la Constitution. La liste des zones de circulation de l'infection est fixée par arrêté du ministre chargé de la Santé et elle fait l'objet d'une information publique régulière pendant toute la durée de l'état d'urgence sanitaire. Afin d'assurer la mise en œuvre de ces mesures, les entreprises de transport ferroviaire, maritime ou aérien communiquent au représentant de l'État dans le département qui en fait la demande les données relatives aux passagers concernant les déplacements précédemment évoqués, dans les conditions prévues à l'article L. 232-4 du CSI. Étant précisé que ces mesures de mise en quarantaine, de placement et de maintien en isolement peuvent se dérouler, au choix des personnes qui en font l'objet, à leur domicile ou dans les lieux d'hébergement adaptés et que leur durée initiale ne peut excéder quatorze jours. Les mesures peuvent être renouvelées, dans les conditions prévues au III de l'article L. 3131-17 du CSP, dans la limite d'une durée maximale d'un mois et il est mis fin aux mesures de placement et de maintien en isolement avant leur terme lorsque l'état de santé de l'intéressé le permet. Dans le cadre des mesures de mise en quarantaine, de placement et de maintien en isolement, il peut être fait obligation à la personne qui en fait l'objet, d'une part, de ne pas sortir de son domicile ou du lieu d'hébergement où elle exécute la mesure, sous réserve des déplacements qui lui sont spécifiquement autorisés par l'autorité administrative et dans le cas où un isolement complet de la personne est prononcé, il lui est garanti un accès aux biens et services de première nécessité ainsi qu'à des moyens de communication téléphonique et électronique lui permettant de communiquer librement avec l'extérieur et, d'autre part, de ne pas fréquenter certains lieux ou catégories de lieux. À noter, par ailleurs, que les personnes et enfants victimes des violences mentionnées à l'article 515-9 du Code civil ne peuvent être mis en quarantaine, placés et maintenus en isolement dans le même logement ou lieu d'hébergement que l'auteur des violences, ou être amenés à cohabiter lorsque celui-ci est mis en quarantaine, placé ou maintenu en isolement, y compris si les violences sont alléguées. Lorsqu'il ne peut être procédé à l'éviction de l'auteur des violences du logement conjugal ou dans l'attente d'une décision judiciaire statuant sur les faits de violence allégués et, le cas échéant, prévoyant cette éviction, il est assuré leur relogement dans un lieu d'hébergement adapté. Lorsqu'une décision de mise en quarantaine, de placement et de maintien en isolement est susceptible de mettre en danger une ou plusieurs personnes, le préfet en informe sans délai le procureur de la République.

Enfin, les mesures prescrites en application de l'article L. 3131-15 du CSP doivent être strictement proportionnées aux risques sanitaires encourus et appropriées aux circonstances de temps et de lieu et il y a lieu d'y mettre fin sans délai lorsqu'elles ne sont plus nécessaires.

B. Décision de conformité du Conseil constitutionnel du 26 mars 2020 et notion de circonstances particulières

Le Conseil constitutionnel a été saisi par le Premier ministre, le 23 mars 2020, conformément au cinquième alinéa de l'article 46 et au premier alinéa de l'article 61 de la Constitution, de la loi organique d'urgence pour faire face à l'épidémie de Covid-19, pour se prononcer sur la conformité à la Constitution de l'article unique de la loi organique n° 2020-365 du 30 mars 2020 d'urgence pour faire face à l'épidémie de Covid-19 qui prévoit que les délais mentionnés aux articles 23-4, 23-5 et 23-10 de l'ordonnance n° 58-1067 du 7 novembre 1958 portant loi organique sur le Conseil constitutionnel sont suspendus jusqu'au 30 juin 2020 ou la suspension jusqu'au 30 juin 2020 du délai durant lequel le Conseil d'État ou la Cour de cassation doit se prononcer sur le renvoi d'une question prioritaire de constitutionnalité (QPC) au Conseil constitutionnel et celui dans lequel ce dernier doit statuer sur une telle question.

Par une décision n° 2020-799 DC du 26 mars 2020, le Conseil constitutionnel a jugé conforme à la Constitution cet article unique de la loi organique du 30 mars 2020 d'urgence pour faire face à l'épidémie de Covid-19 et qu'il n'y a, ainsi, pas lieu de juger que cette loi organique a été adoptée en violation des règles de procédure prévues à l'article 46 de la Constitution, compte tenu des circonstances particulières du contexte sanitaire.

Le Conseil constitutionnel a souligné que ces dispositions ne remettaient pas en cause l'exercice de ce recours ni n'interdisaient qu'il soit statué sur une QPC durant cette période.

Dans sa décision du 26 mars 2020, Loi organique d'urgence pour faire face à l'épidémie de Covid-19, le Conseil constitutionnel a jugé que, compte tenu des circonstances particulières de l'espèce, la loi organique d'urgence pour faire face à l'épidémie de Covid-19 est conforme à la Constitution.

L'utilisation de la formule « circonstances particulières de l'espèce » par le Conseil constitutionnel, à cette occasion, mérite d'être signalée. Elle n'est toutefois pas nouvelle dès lors que la jurisprudence du Conseil constitutionnel a déjà utilisé cette théorie des circonstances particulières en droit électoral à partir de la décision n° 58-198/202 AN du 17 janvier 1959.

Elle a, ensuite, été étendue dans la jurisprudence du Conseil constitutionnel au contrôle de constitutionnalité des lois de l'article 61 de la Constitution pour lequel le juge constitutionnel a déjà considéré que des circonstances particulières étaient de nature à justifier la méconnaissance des obligations constitutionnelles en déclarant ainsi la loi conforme à la Constitution. Tel a été le cas dans la décision n° 88-248 DC du 17 janvier 1989 dans laquelle le Conseil constitutionnel a considéré que, dans des circonstances particulières, le fait que, lors de l'examen en première lecture du projet de loi, le Sénat, après avoir relevé que l'avis sollicité n'avait pas été émis, avait exclu la Polynésie française du champ d'application du texte, que l'Assemblée nationale, appelée à se prononcer en première lecture, avait considéré que, du fait de l'expiration du délai d'un mois imparti à l'Assemblée territoriale par l'article 72 de la loi n° 84-820 du 6 septembre 1984 pour rendre son avis, celui-ci devait être réputé favorable, qu'en conséquence, elle avait étendu le texte à la Polynésie française, que le Sénat s'était par la suite prononcé dans le même sens, l'irrégularité de procédure relevée par les auteurs de la saisine au stade de l'examen du projet de loi en première lecture (le défaut de possession par le Sénat de l'avis rendu par l'Assemblée territoriale de Polynésie) ne saurait, faute de revêtir un caractère substantiel, conduire à ce que l'article 30 de la loi déférée en ce qu'il rendait la loi applicable en Polynésie française soit déclaré contraire à la Constitution.

Enfin, dans une décision n° 2017-756 DC du 21 décembre 2017, le Conseil constitutionnel a jugé que des dispositions relatives aux contributions salariales d'assurance chômage, qui sont normalement étrangères au domaine de la loi de financement de la sécurité sociale, trouvaient, dans les circonstances particulières de l'espèce dont il a tenu compte, leur place dans la loi de financement de la sécurité sociale, étant précisé que l'intention du législateur de procéder à une réforme d'ensemble avait consisté à diminuer les cotisations sociales des actifs et, à cette fin, à faire prendre en charge par l'Agence centrale des organismes de sécurité sociale le financement, en 2018, de la réduction des contributions salariales d'assurance chômage.

C. La prorogation de l'état d'urgence sanitaire

L'état d'urgence sanitaire, déclaré par le décret n° 2020-1257 du 14 octobre 2020 déclarant l'état d'urgence sanitaire, a été prorogé jusqu'au 16 février 2021 inclus par la loi n° 2020-1379 du 14 novembre 2020 autorisant la prorogation de l'état d'urgence sanitaire et portant diverses mesures de gestion de la crise sanitaire.

Par une décision n° 2020-808 DC du 13 novembre 2020, le Conseil constitutionnel s'est prononcé, sur le recours de plus de soixante députés et le recours de plus de soixante sénateurs, sur l'article 1er et plusieurs dispositions des articles 2, 5 et 10 de la loi autorisant la prorogation de l'état d'urgence sanitaire et portant diverses mesures de gestion de la crise sanitaire et en a conclu la conformité à la Constitution de la prorogation de l'état d'urgence sanitaire en cours, dans son principe et dans sa durée prévus par l'article 1er de la loi jusqu'au 16 février 2021.

La loi n° 2021-160 du 15 février 2021 prorogeant l'état d'urgence sanitaire a modifié l'article 1er de la loi n° 2020-1379 du 14 novembre 2020 autorisant la prorogation de l'état d'urgence sanitaire et portant diverses mesures de gestion de la crise sanitaire en remplaçant la date du « 16 février 2021 » par celle du « 1er juin 2021 ».

D. La loi n° 2021-689 du 31 mai 2021 relative à la gestion de la sortie de crise sanitaire

La loi n° 2021-689 du 31 mai 2021 relative à la gestion de la sortie de crise sanitaire a mis fin à l'état d'urgence sanitaire depuis le 2 juin 2021, sauf en Guyane où il a été prolongé jusqu'au 30 septembre 2021 inclus.

Le Conseil constitutionnel a été saisi par plus de soixante députés, le 27 mai 2021, dans les conditions prévues au deuxième alinéa de l'article 61 de la Constitution, de la loi relative à la gestion de la sortie de crise sanitaire, dont ils contestent la procédure d'adoption de certaines dispositions de son article 1er et également certaines des dispositions de celui-ci. Ils contestent en outre certaines dispositions de son article 7 et ses articles 8 et 12.

Par une décision n° 2021-819 DC du 31 mai 2021, le Conseil constitutionnel a validé plusieurs dispositions de la loi relative à la gestion de la sortie de crise sanitaire, en assortissant l'une d'elles d'une réserve d'interprétation énoncée au paragraphe 31 de la décision qui précise qu'en application de l'article L. 1461-4 du CSP, le système national des données de santé ne contient ni les noms et prénoms des personnes, ni leur numéro d'inscription au répertoire national d'identification des personnes physiques, ni leur adresse et que s'agissant des données transférées en application des dispositions contestées (*Le 1° du paragraphe I de l'article 7 de la loi déférée complète l'article 11 de la loi du 11 mai 2020 par un paragraphe X afin de prévoir l'intégration au système national des données de santé des données recueillies dans le cadre des systèmes d'information mis en œuvre aux fins de lutter contre l'épidémie de Covid-19*), sauf à méconnaître le droit au respect de la vie privée, cette exclusion doit également s'étendre aux coordonnées de contact téléphonique ou électronique des intéressés.

Une période transitoire de sortie d'état d'urgence sanitaire est prévue, à compter du 2 juin 2021 et jusqu'au 30 septembre 2021 inclus, durant laquelle le Premier ministre peut, par décret pris sur le rapport du ministre chargé de la Santé, dans l'intérêt de la santé publique et aux seules fins de lutter contre la propagation de l'épidémie de Covid-19, notamment limiter les déplacements ; les possibilités d'utilisation des transports collectifs (obligation du port du masque, par exemple), et les interdire dans les territoires où le virus circulerait activement ; l'ouverture des établissements recevant du public (commerces, cafés, restaurants, théâtres, cinémas...) ou des lieux de réunion ainsi que leur accès (mesures barrières, jauge de personnes...) voire les fermer provisoirement ; les rassemblements, les réunions et les manifestations.

Le décret n° 2021-932 du 13 juillet 2021, modifiant le décret n° 2021-699 du 1er juin 2021, prescrit les mesures générales nécessaires à la gestion de la sortie de crise sanitaire.

Durant cette période transitoire de sortie d'état d'urgence sanitaire, du 2 juin 2021 au 30 septembre 2021, un « passe sanitaire » peut être imposé aux voyageurs en provenance ou à destination de la France, de la Corse ou des outre-mer et aux participants à de grands rassemblements de personnes pour des activités de loisirs ou des foires ou salons professionnels. Par ailleurs, le couvre-feu est prolongé jusqu'au 20 juin selon les modalités suivantes, à savoir du 2 au 8 juin 2021 de 21 h 00 à 6 h 00 puis à partir du 9 juin 2021 de 23 h 00 à 6 h 00, sauf dans les territoires où le virus circulerait activement, étant précisé que le couvre-feu peut toutefois être levé par les préfets dans les territoires où la circulation du virus est très faible.

II. Fondamentaux à connaître sur les circonstances exceptionnelles

Le droit administratif est en mesure de s'adapter à des situations exceptionnelles et il a pu, lors de telles circonstances, développer notamment la théorie des circonstances exceptionnelles. Dans ces occasions, la puissance publique dispose de pouvoirs exceptionnellement étendus afin d'assurer la continuité des services publics. La théorie des circonstances exceptionnelles autorise l'autorité administrative à s'affranchir des règles habituelles de compétences et de formes, mais aussi du respect de principes de fond. Le juge administratif contrôle les mesures prises dans le cadre de cette théorie et apprécie l'existence même de circonstances exceptionnelles en s'assurant que l'administration était effectivement dans l'impossibilité de prendre la mesure en cause de manière régulière et en vérifiant que les actes ont été pris dans un but d'intérêt général, notamment pour assurer la continuité de l'État, et ont été rendus nécessaires par les circonstances particulières du moment (CE, 28 juin 1918, *Heyriès*, n° 63412).

L'article 16 de la Constitution française du 4 octobre 1958 a d'ailleurs été inspiré par cette même théorie des circonstances exceptionnelles.

> **Article 16 de la Constitution :**
>
> Lorsque les institutions de la République, l'indépendance de la nation, l'intégrité de son territoire ou l'exécution de ses engagements internationaux sont menacées d'une manière grave et immédiate et que le fonctionnement régulier des pouvoirs publics constitutionnels est interrompu, le président de la République prend les mesures exigées par ces circonstances, après consultation officielle du Premier ministre, des présidents des assemblées

ainsi que du Conseil constitutionnel. Il en informe la nation par un message. Ces mesures doivent être inspirées par la volonté d'assurer aux pouvoirs publics constitutionnels, dans les moindres délais, les moyens d'accomplir leur mission. Le Conseil constitutionnel est consulté à leur sujet. Le Parlement se réunit de plein droit. L'Assemblée nationale ne peut être dissoute pendant l'exercice des pouvoirs exceptionnels. Après trente jours d'exercice des pouvoirs exceptionnels, le Conseil constitutionnel peut être saisi par le président de l'Assemblée nationale, le président du Sénat, soixante députés ou soixante sénateurs, aux fins d'examiner si les conditions énoncées au premier alinéa demeurent réunies. Il se prononce dans les délais les plus brefs par un avis public. Il procède de plein droit à cet examen et se prononce dans les mêmes conditions au terme de soixante jours d'exercice des pouvoirs exceptionnels et à tout moment au-delà de cette durée.

L'article 36 de la Constitution prévoit un état de siège qui est décrété en Conseil des ministres et autorisé par le Parlement en cas de prorogation au-delà de douze jours. C'est un régime sous lequel les libertés publiques sont restreintes et les pouvoirs de police sont exercés par les autorités militaires avec des compétences accrues.

La loi n° 55-385 du 3 avril 1955, révisée à plusieurs reprises, permet d'instaurer un état d'urgence dont une « constitutionnalisation » a été envisagée à la suite des attentats de Paris du 13 novembre 2015. Elle n'a pas abouti mais a suscité des débats qui ont rappelé l'antique question du rapport entre la situation d'exception et le droit. L'article 1 de cette loi prévoit que l'état d'urgence peut être déclaré sur tout ou partie du territoire métropolitain, des départements d'outre-mer, des collectivités d'outre-mer régies par l'article 74 de la Constitution et en Nouvelle-Calédonie, soit en cas de péril imminent résultant d'atteintes graves à l'ordre public, soit en cas d'événements présentant, par leur nature et leur gravité, le caractère de calamité publique.

Mise en œuvre de l'état d'urgence en France sous l'empire de la loi du 3 avril 1955 révisée :

– en 1955, à la suite d'attentats perpétrés par le Front de libération nationale (FLN) algérien, à partir du mois de novembre 1954 ;

– en 1958, après le coup d'État d'Alger du 13 mai ;

– de 1961 à 1963, après le putsch des généraux à Alger ;

– en 1984, après les événements en Nouvelle-Calédonie qui ont opposé les partisans et opposants à l'indépendance vis-à-vis de la France ;

– en 2005, pour mettre fin aux émeutes dans les banlieues permettant ainsi aux préfets des zones concernées de déclarer des couvre-feux ;

– du 14 novembre 2015 au 31 octobre 2017, suite aux attentats terroristes du 13 novembre 2015.

Avec l'émergence d'un nouveau coronavirus (Covid-19), l'OMS a déclaré, le 30 janvier 2020, que cette situation constituait une urgence de santé publique de portée internationale, qui a été aggravée par le caractère pathogène et contagieux du virus Covid-19, et le 1er août 2020, que le risque posé par la Covid-19 est très élevé et que cette pandémie risquait d'être « très longue ». Dans ces circonstances sanitaires exceptionnelles, le Parlement a adopté, après la procédure accélérée engagée par le gouvernement le 18 mars 2020, la loi n° 2020-290 du 23 mars 2020 d'urgence pour faire face à l'épidémie de Covid-19 qui instaure un dispositif d'état d'urgence sanitaire (titre I), prend des mesures d'urgence économique et d'adaptation à la lutte contre l'épidémie de Covid-19 (titre II) et organise le report du second tour des élections municipales, communautaires, des conseillers de Paris et des conseillers métropolitains de Lyon (titre III).

III. Impact sur la vie démocratique de l'état d'urgence sanitaire

La Commission nationale consultative des droits de l'homme (CNCDH) a décidé de mettre en place un Observatoire de l'état d'urgence sanitaire pour recenser les atteintes aux droits et libertés, s'assurer de leur effectivité sur le terrain, et produire des recommandations à destination des pouvoirs publics pour remédier aux problèmes et en tirer des enseignements pour le futur.

Le lien internet pour consulter les différents travaux de la CNCDH relatifs à l'état d'urgence sanitaire depuis le mois d'avril 2020 est le suivant : https://www.cncdh.fr/fr/travaux-en-cours/covid-19-et-droits-de-lhomme.

Le Défenseur des droits a joué un rôle important en matière de protection des droits et libertés durant l'état d'urgence sanitaire. En effet, si l'urgence sanitaire altère le cours normal des choses, le Défenseur des droits a également veillé à ce que les mesures temporaires mises en place ne privent personne de ses droits, dans les domaines de compétence de l'institution : l'accès aux services publics, les droits de l'enfant, les discriminations, le respect de la déontologie par les professionnels de la sécurité et la protection et l'orientation des lanceurs d'alerte.

Les recommandations et positions prises par le Défenseur des droits depuis le début de la période d'urgence sanitaire sont consultables via le lien internet suivant :

https://www.defenseurdesdroits.fr/fr/
covid-19-et-urgence-sanitaire-le-role-du-defenseur-des-droits.

IV. Corpus juridique de référence

– Constitution française, notamment ses art. 16, 36 et 74

– Règlement Sanitaire International (RSI) de 2005

– Code civil

– Code de la sécurité intérieure

– Code de la santé publique

– Code général des collectivités territoriales

– Cons. const., 17 janv. 1959, n° 58-198/202, A.N., Algérie (13e circ.) (Dans les circonstances particulières des élections en Algérie)

– Cons. const., 17 janv. 1989, n° 88-248 DC, Loi modifiant la loi n° 86-1067 du 30 septembre 1986 relative à la liberté de communication (Circonstances particulières)

– Cons. const., 21 déc. 2017, n° 2017-756 DC, Loi de financement de la sécurité sociale pour 2018

– Cons. const., 26 mars 2020, n° 2020-365 DC, Loi organique d'urgence pour faire face à l'épidémie de Covid-19

– Cons. const., 9 juill. 2020, déc. n° 2020-803 DC, Loi organisant la sortie de l'état d'urgence sanitaire (Validation des dispositions issues de la loi organisant la sortie de l'état d'urgence sanitaire relatives à la circulation de personnes, véhicules ou moyens de transport collectif, à la fermeture provisoire de certaines catégories d'établissements recevant du public, aux rassemblements, réunions, activités se déroulant sur la voie publique et dans les lieux ouverts au public, ainsi que celles relatives à la répression d'une peine délictuelle de la violation répétée de ces réglementations ou interdictions)

– Cons. const., 13 nov. 2020, déc. n° 2020-808 DC, Loi autorisant la prorogation de l'état d'urgence sanitaire et portant diverses mesures de gestion de la crise sanitaire (Conclusion à la conformité à la Constitution de la prorogation de l'état d'urgence sanitaire en cours, dans son principe et dans sa durée prévus par l'article 1er de la loi jusqu'au 16 février 2021)

– Cons. const., 31 mai 2021, déc. n° 2021-819 DC, Loi relative à la gestion de la sortie de crise sanitaire (Validation de plusieurs dispositions de la loi en assortissant l'une d'elles d'une réserve d'interprétation, paragraphe 31)

– Loi organique n° 2020-365 du 30 mars 2020 d'urgence pour faire face à l'épidémie de Covid-19

– Loi n° 55-385 du 3 avril 1955 relative à l'état d'urgence

– Loi n° 2017-1510 du 30 octobre 2017 renforçant la sécurité intérieure et la lutte contre le terrorisme

– Loi n° 2019-290 du 10 avril 2019 visant à renforcer et garantir le maintien de l'ordre public lors des manifestations

– Loi n° 2020-290 du 23 mars 2020 d'urgence pour faire face à l'épidémie de Covid-19

– Loi n° 2020-546 du 11 mai 2020 prorogeant l'état d'urgence sanitaire et complétant ses dispositions

– Loi n° 2020-856 du 9 juillet 2020 organisant la sortie de l'état d'urgence sanitaire

– Loi n° 2020-1379 du 14 novembre 2020 autorisant la prorogation de l'état d'urgence sanitaire et portant diverses mesures de gestion de la crise sanitaire

– Loi n° 2021-689 du 31 mai 2021 relative à la gestion de la sortie de crise sanitaire

– Ordonnance n° 2020-1400 du 18 novembre 2020 portant adaptation des règles applicables aux juridictions de l'ordre judiciaire statuant en matière non pénale et aux copropriétés

– Ordonnance n° 2020-1401 du 18 novembre 2020 portant adaptation des règles applicables aux juridictions de l'ordre judiciaire statuant en matière pénale

– Ordonnance n° 2020-1402 du 18 nov. 2020 portant adaptation des règles applicables aux juridictions de l'ordre administratif

– Décret n° 2020-1257 du 14 octobre 2020 déclarant l'état d'urgence sanitaire

– Décret n° 2020-1405 du 18 novembre 2020 portant adaptation des règles applicables aux juridictions de l'ordre judiciaire statuant en matière non pénale

– Décret n° 2020-1406 du 18 novembre 2020 portant adaptation des règles applicables devant les juridictions de l'ordre administratif

– Décret n° 2021-699 du 1er juin 2021 prescrivant les mesures générales nécessaires à la gestion de la sortie de crise sanitaire

– Décret n° 2021-910 du 8 juillet 2021 modifiant le décret n° 2021-699 du 1er juin 2021 prescrivant les mesures générales nécessaires à la gestion de la sortie de crise sanitaire

– Décret n° 2021-930 du 13 juillet 2021 modifiant le décret n° 2020-551 du 12 mai 2020 relatif aux systèmes d'information mentionnés à l'article 11 de la loi n° 2020-546 du 11 mai 2020 prorogeant l'état d'urgence sanitaire et complétant ses dispositions et le décret n° 2020-1690 du 25 décembre 2020 autorisant la création d'un traitement de données à caractère personnel relatif aux vaccinations contre la Covid-19

– Décret n° 2021-931 du 13 juillet 2021 déclarant l'état d'urgence sanitaire dans certains territoires de la République

– Décret n° 2021-932 du 13 juillet 2021 modifiant le décret n° 2021-699 du 1er juin 2021 prescrivant les mesures générales nécessaires à la gestion de la sortie de crise sanitaire

– CE, 28 juin 1918, *Heyriès*, n° 63412 (Pouvoirs de guerre et circonstances exceptionnelles)

– CE, 19 mai 1933, *Benjamin et Syndicat d'initiative de Nevers*, n° 17413

– CE, 22 juin 1951, *Daudignac*, n° 00590

– CE, sect., 18 déc. 1959, n° 36385, 36428, *Société Les films Lutétia et Syndicat français des producteurs et exportateurs de films*, n° 36385, 36428

– CE, 12 mars 1968, *ministre de l'Intérieur c. Époux L.*, n° 72053

– CE, ass., 27 oct. 1995, *Commune de Morsang-sur-Orge*, n° 136727

– CE, juge des référés, 27 mars 2020, *Groupe d'information et de soutien des immigrés et autres*, n° 439720 (Régime des retenus)

– CE, juge des référés, 3 avr. 2020, *Syndicat des avocats de France*, n° 439894 (Prolongation de plein droit des détentions provisoires)

– CE, juge des référés, 8 avr. 2020, *Section française de l'Observatoire international des prisons et autres*, n° 439827 (Régime des détenus)

– CE, juge des référés, 10 avr. 2020, *Union des jeunes avocats au barreau de Paris*, n° 439901 (Prolongation de plein droit des détentions provisoires)

– CE, juge des référés, 29 oct. 2020, *M. B.*, n° 445367 (Rejet d'une requête tendant à ordonner la suspension de l'exécution du décret n° 2020-1257 du 14 octobre 2020 déclarant l'état d'urgence sanitaire)

– CE, juge des référés, 27 nov. 2020, *Association des avocats pénalistes et autres*, n° 446712… (Le recours à la visio-conférence, sans l'accord de l'accusé, autorisé par l'ordonnance du 18 nov. 2020, pendant le réquisitoire de l'avocat général et les plaidoiries des avocats, porte une atteinte grave et manifestement illégale aux droits de la défense et au droit à un procès équitable)

V. Exemple de sujet avec son corrigé portant sur l'état d'urgence sanitaire

Sujet : L'état d'urgence sanitaire en 2020

Introduction

Accroche : Dans sa décision n° 2020-799 DC du 26 mars 2020 (Loi organique d'urgence pour faire face à l'épidémie de Covid-19), le Conseil constitutionnel a décidé que la loi d'urgence pour faire face à l'épidémie de Covid-19 est conforme à la Constitution et qu'il n'y a pas lieu de juger que cette loi organique a été adoptée en violation des règles de procédure prévues à l'article 46 de la Constitution, compte tenu des circonstances particulières du contexte sanitaire.

Problématique : Ces circonstances exceptionnelles en France dues à l'épidémie de Covid-19 sont qualifiées de circonstances particulières par le Conseil constitutionnel.

Annonce du plan : La Covid-19 est à l'origine de l'instauration de l'état d'urgence sanitaire en France (I). Ce dernier a suscité des difficultés d'exécution qui ont nécessité des adaptations (II).

I. La France en état d'urgence sanitaire

Annonce des deux sous-parties : L'épidémie de coronavirus Covid-19 qui a débuté en Chine avant de se propager, notamment en Italie, est à l'origine de l'état d'urgence sanitaire (A) qui a été instauré en France à partir du 24 mars 2020 (B).

A. L'origine de l'instauration d'un état d'urgence sanitaire en France

B. La France en état d'urgence sanitaire à partir du 24 mars 2020

Transition : Ces circonstances particulières soulèvent des difficultés d'application qui ont entraîné des mesures correctives.

II. Les conséquences de l'état d'urgence sanitaire en France

Annonce des deux sous-parties : Certaines mesures prises pendant l'état d'urgence sanitaire rencontrent des difficultés d'exécution (A) qui appellent des solutions pour les résoudre (B).

A. Les difficultés rencontrées dans la mise en œuvre de mesures prises durant l'état d'urgence sanitaire

B. Les solutions mises en place pour respecter l'état d'urgence sanitaire

Conclusion

Synthèse : Dès le 16 mars 2020, le président de la République française a décidé de prendre des mesures pour réduire les contacts et déplacements au strict minimum sur l'ensemble du territoire à compter du 17 mars à 12 h 00, pour une durée minimale de quinze jours, et le Parlement a ensuite voté la loi n° 2020-290 du 23 mars 2020 d'urgence pour faire face à l'épidémie de Covid-19.

Ouverture possible : La loi n° 2020-856 du 9 juillet 2020, qui a organisé la sortie de l'état d'urgence sanitaire, à compter du 11 juillet 2020 et jusqu'au 30 octobre 2020 inclus, hors les territoires de la Guyane et de Mayotte, a été suivie d'une nouvelle vague de contaminations des Français à la Covid-19 qui a imposé un nouvel état d'urgence sanitaire sur l'ensemble du territoire de la République, à compter du 17 octobre 2020 à 0 heure, déclaré par le décret n° 2020-1257 du 14 octobre 2020.

VI. Exemples de questions sur le thème de l'état d'urgence sanitaire

– La loi du 23 mars 2020 d'urgence pour faire face à l'épidémie de Covid-19 était-elle nécessaire alors qu'il existait d'autres cadres juridiques, à l'instar de la loi révisée du 3 avril 1955 relative à l'état d'urgence ?

– Quelle est la teneur de l'avis de la Commission nationale consultative des droits de l'homme du 28 avril 2020 sur la mise en place de l'état d'urgence sanitaire ?

– Sur quels points le Défenseur des droits a-t-il attiré l'attention du Parlement en vue de l'examen du projet de loi prorogeant l'état d'urgence sanitaire ?

– Est-ce la première fois que le Conseil constitutionnel utilise la notion de « circonstances particulières » ?

– Qui fait appliquer et de quelle manière les principes de stricte nécessité, d'adaptation et de proportionnalité en période d'état d'urgence sanitaire ?

– Estimez-vous que la loi du 23 mars 2020 porte atteinte à la sécurité juridique, en mettant en péril les principes d'intelligibilité, d'accessibilité et de transparence des normes ?

– La loi du 23 mars 2020 a-t-elle affaibli les mécanismes de contrôle parlementaire ?

– Qu'est-ce que les circonstances exceptionnelles ?

– Quel pouvoir donne l'article 16 de la Constitution au président de la République ?

– Quel a été le contrôle du Conseil constitutionnel sur la loi n° 2020-1379 du 14 novembre 2020 autorisant la prorogation de l'état d'urgence sanitaire et portant diverses mesures de gestion de la crise sanitaire ?

– Quel est le sens de la décision du Conseil constitutionnel sur la loi n° 2021-689 du 31 mai 2021 relative à la gestion de la sortie de crise sanitaire ?

– Citez les différents vaccins qui permettent de s'immuniser contre la Covid-19 ?

– Êtes-vous pour ou contre avoir rendu obligatoire la vaccination des soignants et pourquoi ?

– Qu'est-ce que le passe sanitaire anti-Covid-19 et comment fonctionne-t-il ?

– La généralisation d'un passe sanitaire anti-Covid-19 pour accéder à des lieux comme les salles de spectacle, de jeux, de sport ou des musées, accueillant au moins 50 personnes, serait susceptible de porter atteinte à quelle liberté fondamentale ?

25 novembre 2020 : Fermeture pour une durée de six mois du lieu de culte « Grande mosquée de Pantin »

Ordonnance n° 446303 du 25 novembre 2020 par laquelle le juge des référés du Conseil d'État a rejeté la requête de la Fédération musulmane de Pantin

La Fédération musulmane de Pantin a demandé au juge des référés du tribunal administratif de Montreuil, statuant sur le fondement de l'article L. 521-2 du CJA (référé-liberté), d'ordonner la suspension de l'exécution de l'arrêté du 19 octobre 2020 par lequel le préfet de la Seine-Saint-Denis a prononcé, sur le fondement de l'article L. 227-1 du CSI, la fermeture pour une durée de six mois du lieu de culte « Grande mosquée de Pantin ». Par une ordonnance n° 2011260 du 27 octobre 2020, le juge des référés du tribunal administratif de Montreuil a rejeté sa demande.

Le juge des référés du Conseil d'État a été saisi aux fins d'annulation de cette ordonnance, sur le fondement de l'article L. 521-2 du CJA.

Il résulte de l'article L. 227-1 du CSI ainsi que de l'interprétation que le Conseil constitutionnel en a donnée dans sa décision n° 2017-695 QPC du 29 mars 2018, que la mesure de fermeture d'un lieu de culte ne peut être prononcée qu'aux fins de prévenir la commission d'actes de terrorisme et que les propos tenus en ce lieu, les idées ou théories qui y sont diffusées ou les activités qui s'y déroulent doivent soit constituer une provocation à la violence, à la haine ou à la discrimination en lien avec le risque de commission d'actes de terrorisme, soit provoquer à la commission d'actes de terrorisme ou en faire l'apologie.

La provocation à la violence, à la haine ou à la discrimination en lien avec le risque de commission d'actes de terrorisme, à la commission d'actes de terrorisme ou à l'apologie de tels actes peut, outre des propos tenus au sein du lieu de culte, résulter des propos exprimés, dans les médias ou sur les réseaux sociaux, par les responsables de l'association chargée de la gestion de ce lieu ou par les personnes en charge du culte qui y officient ainsi que des propos émanant de tiers et diffusés dans les médias ou sur les réseaux sociaux relevant de la responsabilité de cette association ou de ces personnes en charge du culte.

Peut également révéler la diffusion, au sein du lieu de culte, d'idées ou de théories provoquant à la violence, à la haine ou à la discrimination en lien avec le risque de commission d'actes de terrorisme, à la commission d'actes de terrorisme ou en faisant l'apologie au sens des dispositions de ce même article, notamment, la fréquentation du lieu de culte par des tiers prônant ces idées ou théories, l'engagement en faveur de telles idées ou théories des responsables de l'association chargée de la gestion de ce lieu et des personnes en charge du culte qui y officient ou la présence, sur le lieu de culte ou dans des lieux contrôlés par l'association gestionnaire ou les officiants du culte, d'ouvrages ou de supports en faveur de ces idées ou théories.

Le juge des référés du Conseil d'État a rejeté la requête de La Fédération musulmane de Pantin.

I. Fondamentaux à connaître sur la liberté de culte

A. La liberté de culte

Selon l'article premier de la Constitution, la France est une République indivisible, laïque, démocratique et sociale, elle assure l'égalité devant la loi de tous les citoyens sans distinction d'origine, de race ou de religion et respecte toutes les croyances.

L'article 10 de la DDHC de 1789 dispose que nul ne doit être inquiété pour ses opinions, même religieuses, pourvu que leur manifestation ne trouble pas l'ordre public établi par la loi.

L'article 9 de la Convention EDH prévoit que, d'une part, toute personne a droit à la liberté de pensée, de conscience et de religion et que ce droit implique la liberté de changer de religion ou de conviction, ainsi que la liberté de manifester sa religion ou sa conviction individuellement ou collectivement, en public ou en privé, par le culte, l'enseignement, les pratiques et l'accomplissement des rites et, d'autre part, que la liberté de manifester sa religion ou ses convictions ne peut faire l'objet d'autres restrictions que celles qui, prévues par la loi, constituent des mesures nécessaires, dans une société démocratique, à la sécurité publique, à la protection de l'ordre, de la santé ou de la morale publiques, ou à la protection des droits et libertés d'autrui.

Aux termes de l'article 1er de la loi du 9 décembre 1905 concernant la séparation des Églises et de l'État, la République assure la liberté de conscience et garantit le libre exercice des cultes sous les seules restrictions qu'elle édicte dans l'intérêt de l'ordre public. Dans le cadre de la police des cultes, l'article 25 de la même loi prévoit que les réunions pour la célébration d'un culte tenues dans les locaux appartenant à une association cultuelle ou mis à sa disposition sont publiques et qu'elles sont dispensées des formalités de l'article 8 de la loi du 30 juin 1881, mais restent placées sous la surveillance des autorités dans l'intérêt de l'ordre public.

Le Conseil d'État a d'ailleurs précisé les conditions dans lesquelles une commune peut mettre à disposition des locaux lui appartenant à une association cultuelle pour l'exercice d'un culte dans sa décision Commune de Valbonne du 7 mars 2019, n° 417629. À cette occasion, le Conseil d'État a jugé que sont regardés comme des locaux communaux, au sens et pour l'application de l'article L. 2144-3 du CGCT qui prévoit notamment que des locaux communaux peuvent être utilisés par les associations ou partis politiques qui en font la demande, les locaux affectés aux services publics communaux (CE, ass., 19 juill. 2011, *Commune de Montpellier*, n° 313518). Il a précisé que les dispositions de l'article L. 2144-3 du CGCT permettent à une commune, en tenant compte des nécessités qu'elles mentionnent, d'autoriser, dans le respect du principe de neutralité à l'égard des cultes et du principe d'égalité, l'utilisation pour l'exercice d'un culte par une association d'un local communal, dès lors que les conditions financières de cette autorisation excluent toute libéralité et, par suite, toute aide à un culte. Il a ajouté qu'une commune ne peut rejeter une demande d'utilisation d'un tel local au seul motif que cette demande lui est adressée par une association dans le but d'exercer un culte et, qu'en revanche, une commune ne peut, sans méconnaître ces dispositions, décider qu'un local lui appartenant relevant des dispositions de l'article L. 2144-3 du CGCT sera laissé de façon exclusive et pérenne à la disposition d'une association pour l'exercice d'un culte et constituera ainsi un édifice cultuel. Enfin, il a précisé que les collectivités territoriales peuvent donner à bail, et ainsi pour un usage exclusif et pérenne, à une association cultuelle un local existant de leur domaine privé sans méconnaître les dispositions des articles 1er et 2, et du dernier alinéa de l'article 19 de la loi du 9 décembre 1905 dès lors que les conditions, notamment financières, de cette location excluent toute libéralité.

Dans une ordonnance n° 440840 du 12 juin 2020, le juge des référés du Conseil d'État a rappelé que la liberté du culte présente le caractère d'une liberté fondamentale et que telle qu'elle est régie par la loi, cette liberté ne se limite pas au droit de tout individu d'exprimer les convictions religieuses de son choix dans le respect de l'ordre public. Elle comporte également, parmi ses composantes essentielles, le droit de participer collectivement, sous la même réserve, à des cérémonies, en particulier dans les lieux de culte.

Le 23 juillet 2021, l'Assemblée nationale a définitivement voté le projet de loi visant à lutter contre le séparatisme et les atteintes à la citoyenneté qui entend apporter des réponses au repli communautaire et au développement de l'islamisme radical, en renforçant le respect des principes républicains et en modifiant les lois sur les cultes. Plus de soixante députés et plus de soixante sénateurs ont saisi le Conseil constitutionnel, le 26 juillet 2021, aux fins d'un contrôle de constitutionnalité de sept articles de la loi confortant le respect des principes de la République. Le Conseil constitutionnel a censuré deux dispositions et en a assorti deux autres de réserves d'interprétation dans sa décision n° 2021-823 DC du 13 août 2021.

Précisément, l'un des recours contestait l'article 16 de la loi, relatif aux cas dans lesquels une association ou un groupement de fait peut faire l'objet d'une décision administrative de dissolution et permettant la suspension, à titre conservatoire, de ses activités. S'agissant de l'ajout opéré par les dispositions contestées à l'article L. 212-1 du CSI d'un nouveau motif de dissolution tenant à la provocation à des agissements violents à l'encontre des personnes ou des biens, le Conseil constitutionnel a jugé, en premier lieu, que, en adoptant ces dispositions, le législateur a poursuivi l'objectif de valeur constitutionnelle de sauvegarde de l'ordre public. En deuxième lieu, il a relevé que les dispositions contestées ne prévoient la dissolution que d'associations ou groupements de fait dont les activités troublent gravement l'ordre public. D'une part, elles visent uniquement les associations ou groupements de fait qui provoquent à la commission d'agissements violents à l'encontre des personnes ou des biens. D'autre part, elles ne permettent d'imputer aux associations et groupements de fait les agissements de leurs membres que lorsqu'ils les ont commis en cette qualité ou que ces agissements sont directement liés aux activités de l'association ou du groupement, et que leurs dirigeants, bien qu'informés, se sont abstenus de prendre les mesures nécessaires pour les faire cesser, compte tenu des moyens dont ils disposaient. En troisième lieu, la décision de dissolution est prise par décret du Président de la République. En application des articles L. 122-1 et L. 211-2 du CRPA, cette décision doit être écrite et motivée et ne peut intervenir qu'après que l'association ou le groupement, assisté ou représenté le cas échéant par un conseil ou un mandataire, a été mis à même de présenter des observations écrites et, sur sa demande, des observations orales. En dernier lieu, une telle décision peut faire l'objet d'un recours devant le juge administratif, y compris par la voie du référé, qui s'assure qu'elle est adaptée, nécessaire et proportionnée à la finalité de sauvegarde de l'ordre public poursuivie, eu égard à la gravité des troubles susceptibles de lui être portés par les associations et groupements de fait visés. Par l'ensemble de ces motifs, le Conseil constitutionnel a jugé que le législateur n'a pas porté à la liberté d'association une atteinte qui ne serait pas nécessaire, adaptée et proportionnée.

B. Conciliation de la liberté de culte avec la protection de la santé

Dans une ordonnance n° 440840 du 12 juin 2020, le juge des référés du Conseil d'État précise que la liberté du culte doit, cependant, être conciliée avec l'objectif de valeur constitutionnelle (OVC) de protection de la santé.

Le Conseil constitutionnel a qualifié la protection de la santé d'objectif de valeur constitutionnelle à partir de sa décision n° 2012-248 QPC du 16 mai 2012 portant sur l'accès aux origines personnelles. Après quoi, il a poursuivi dans ce sens avec d'autres décisions (n° 2015-480 QPC du 17 septembre 2015, n° 2015-493 QPC du 16 octobre 2015 et n° 2018-737 QPC du 5 octobre 2018), étant précisé que le Conseil constitutionnel a créé la notion d'OVC en 1982 dans sa décision n° 82-141 DC du 27 juillet 1982 portant sur la loi sur la communication audiovisuelle. Préalablement, le Conseil constitutionnel avait érigé la santé publique en principe constitutionnel dans sa décision n° 90-283 DC du 8 janvier 1991 puis lui a accordé une valeur constitutionnelle dans sa décision n° 93-325 DC du 13 août 1993.

À retenir que le Conseil constitutionnel a récemment confirmé l'existence d'un OVC de santé publique à disposition du législateur dans sa décision n° 2019-823 QPC du 31 janvier 2020 dans laquelle il a consacré la protection de l'environnement, patrimoine commun des êtres humains, en tant qu'OVC.

II. Le juge des référés du Conseil d'État et la conciliation de la liberté de culte avec le coronavirus

A. Ordonnance n° 440366 du 18 mai 2020

Par cette ordonnance, le juge des référés du Conseil d'État a ordonné au gouvernement de lever l'interdiction générale et absolue de réunion dans les lieux de culte et d'édicter à sa place des mesures strictement proportionnées aux risques sanitaires et appropriées en ce début de « déconfinement ».

L'émergence d'un nouveau coronavirus (Covid-19), de caractère pathogène et particulièrement contagieux et sa propagation sur le territoire français ont conduit le ministre des Solidarités et de la Santé à prendre, par plusieurs arrêtés à compter du 4 mars 2020, des mesures sur le fondement des dispositions de l'article L. 3131-1 du CSP. En particulier, par un arrêté du 14 mars 2020, un grand nombre d'établissements recevant du public ont été fermés au public, les rassemblements de plus de 100 personnes ont été interdits et l'accueil des enfants, élèves et étudiants dans les établissements les recevant et les établissements scolaires et universitaires a été suspendu.

Par un décret du 16 mars 2020 motivé par les circonstances exceptionnelles découlant de l'épidémie de Covid-19, modifié par décret du 19 mars 2020, le Premier ministre a interdit le déplacement de toute personne hors de son domicile, sous réserve d'exceptions limitativement énumérées et devant être dûment justifiées, à compter du 17 mars à 12 heures, sans préjudice de mesures plus strictes susceptibles d'être ordonnées par le représentant de l'État dans le département. Le ministre des Solidarités et de la Santé a pris des mesures complémentaires par plusieurs arrêtés successifs.

Le législateur, par l'article 4 de la loi du 23 mars 2020 d'urgence pour faire face à l'épidémie de Covid-19, a déclaré l'état d'urgence sanitaire pour une durée de deux mois à compter du 24 mars 2020 puis, par l'article 1er de la loi du 11 mai 2020 prorogeant l'état d'urgence sanitaire et complétant ses dispositions, a prorogé cet état d'urgence sanitaire jusqu'au 10 juillet 2020 inclus. Par un décret du 23 mars 2020 pris sur le fondement de l'article L. 3131-15 du CSP issu de la loi du 23 mars 2020, plusieurs fois modifié et complété depuis lors, le Premier ministre a réitéré les mesures précédemment ordonnées tout en leur apportant des précisions ou restrictions complémentaires. Par un premier décret du 11 mai 2020, applicable les 11 et 12 mai 2020, le Premier ministre a abrogé l'essentiel des mesures précédemment ordonnées par le décret du 23 mars 2020 et en a pris de nouvelles. Enfin, par un second décret du 11 mai 2020, pris sur le fondement de la loi du 11 mai 2020 et abrogeant le précédent décret, le Premier ministre a prescrit les nouvelles mesures générales nécessaires pour faire face à l'épidémie de Covid-19 dans le cadre de l'état d'urgence sanitaire.

B. Office du juge des référés et liberté de culte

Après avoir relevé que les lieux de réunion visés par le 5° du I de l'article L. 3131-15 du CSP ne s'étendent pas aux locaux à usage d'habitation, le

Conseil constitutionnel, par sa décision n° 2020-80 DC du 11 mai 2020, a déclaré ces dispositions conformes à la Constitution en jugeant que le législateur avait procédé à une conciliation équilibrée entre l'OVC de protection de la santé et le respect des droits et libertés reconnus à tous ceux qui résident sur le territoire de la République.

Dans le cadre de l'état d'urgence sanitaire, il appartenait aux différentes autorités compétentes de prendre, en vue de sauvegarder la santé de la population, toutes dispositions de nature à prévenir ou à limiter les effets de l'épidémie.

Ces mesures, qui pouvaient limiter l'exercice des libertés et droits fondamentaux devaient, dans cette mesure, être nécessaires, adaptées et proportionnées à l'objectif de sauvegarde de la santé publique qu'elles poursuivent.

Il résulte de la combinaison des dispositions des articles L. 511-1 et L. 521-2 du CJA qu'il appartient au juge des référés, lorsqu'il est saisi sur le fondement de l'article L. 521-2 du CJA et qu'il constate une atteinte grave et manifestement illégale portée par une personne morale de droit public à une liberté fondamentale, résultant de l'action ou de la carence de cette personne publique, de prescrire les mesures qui sont de nature à faire disparaître les effets de cette atteinte, dès lors qu'existe une situation d'urgence caractérisée justifiant le prononcé de mesures de sauvegarde à très bref délai et qu'il est possible de prendre utilement de telles mesures. Celles-ci doivent, en principe, présenter un caractère provisoire, sauf lorsqu'aucune mesure de cette nature n'est susceptible de sauvegarder l'exercice effectif de la liberté fondamentale à laquelle il est porté atteinte.

Le juge des référés du Conseil d'État relève que des mesures d'encadrement moins strictes que l'interdiction de tout rassemblement dans les lieux de culte prévue par le décret du 11 mai 2020 sont possibles, notamment compte tenu de la tolérance des rassemblements de moins de 10 personnes dans d'autres lieux ouverts au public dans le même décret. Dans ces conditions, il estime que l'interdiction générale et absolue présente un caractère disproportionné au regard de l'objectif de préservation de la santé publique et constitue ainsi, eu égard au caractère essentiel de cette composante de la liberté de culte, une atteinte grave et manifestement illégale à cette dernière. En conséquence, il enjoint au Premier ministre de modifier, dans un délai de huit jours, le décret du 11 mai 2020 en prenant les mesures strictement proportionnées aux risques sanitaires encourus et appropriées aux circonstances de temps et de lieu applicables en ce début de « déconfinement », pour encadrer les rassemblements et réunions dans les établissements de culte.

Par une ordonnance n° 445825 du 7 novembre 2020, le juge des référés du Conseil d'État, saisi par l'association Civitas et autres, sur le fondement de l'article L. 521-2 du CJA, n'a pas suspendu les dispositions du décret du 29 octobre 2020 qui restreignent temporairement, dans le cadre du confinement, la possibilité de se rendre dans les lieux de culte et de s'y rassembler. Il a toutefois précisé, dans les motifs de sa décision, les règles applicables en invitant à une clarification des dispositions sur les mariages ainsi que sur les justificatifs et en appelant à reprendre la concertation.

Par une ordonnance n° 446930, 446941, 446968 et 446975 du 29 novembre 2020, le juge des référés du Conseil d'État, saisi par la Conférence des évêques de France (CEF) sur le fondement de l'article L. 521 2 du CJA, a ordonné au gouvernement de modifier sous trois jours, la limite de 30 personnes pour les rassemblements dans les lieux de culte, en l'adaptant par exemple à la superficie des établissements ou à leur capacité d'accueil, afin que celle-ci soit strictement proportionnée au risque sanitaire.

Par une ordonnance n° 2110299 du 14 mai 2021, le juge des référés du TA de Paris a rejeté la requête de l'association des Palestiniens d'Île-de-France tendant, sur le fondement de l'article L. 521-2 du CJA, à la suspension de l'arrêté du préfet de police du 13 mai 2021 qui a interdit la manifestation, déclarée les 8 et 9 mai 2021 pour « commémorer le Naqba et dénoncer les dernières agressions israéliennes contre le peuple palestinien », prévue le samedi 15 mai 2021.

III. Conciliation de la liberté de culte avec l'alimentation

Par une décision n° 426483 du 11 décembre 2020, le Conseil d'État a jugé une affaire relative à la restauration collective pour laquelle il avait à trancher une question portant sur l'obligation pour les collectivités territoriales de distribuer ou non des menus de substitution.

En l'espèce, le Conseil d'État a jugé que s'il n'existe aucune obligation pour les collectivités territoriales gestionnaires d'un service public de restauration scolaire de distribuer à ses usagers des repas différenciés leur permettant de ne pas consommer des aliments proscrits par leurs convictions religieuses, et aucun droit pour les usagers qu'il en soit ainsi, dès lors que les dispositions de l'article premier de la Constitution interdisent à quiconque de se prévaloir de ses croyances religieuses pour s'affranchir des règles communes régissant les relations entre collectivités publiques et particuliers, ni les principes de laïcité et de neutralité du service public, ni le principe d'égalité des usagers devant le service public, ne font, par eux-mêmes, obstacle à ce que ces mêmes collectivités territoriales puissent proposer de tels repas. Toutefois, lorsque les collectivités ayant fait le choix d'assurer le service public de restauration scolaire définissent ou redéfinissent les règles d'organisation de ce service public, il leur appartient de prendre en compte l'intérêt général qui s'attache à ce que tous les enfants puissent bénéficier de ce service public, au regard des exigences du bon fonctionnement du service et des moyens humains et financiers dont disposent ces collectivités.

Le Conseil constitutionnel a déjà eu l'occasion de rappeler l'interdiction de se prévaloir de ses croyances religieuses pour s'affranchir des règles communes régissant les relations entre collectivités publiques et particuliers (Cons. const., 19 nov. 2004, n° 2004-505 DC).

Le Conseil d'État avait déjà jugé dans une décision d'assemblée n° 125148 du 14 avril 1995, qu'il est possible d'accorder aux élèves des autorisations d'absence nécessaires à l'exercice d'un culte ou à la célébration d'une fête religieuse (CE, ass., 14 avril 1995, *Consistoire central des israélites de France*, n° 125148).

Plus récemment, par une décision n° 423647 du 4 octobre 2019, le Conseil d'État a traité une affaire relative à l'abattage rituel et a jugé que la réglementation nationale n'imposant pas l'étourdissement préalable des animaux avant l'abattage ou la mise à mort s'il n'est pas compatible avec la pratique de l'abattage rituel, mais encadrant, en revanche, les conditions d'exercice de l'abattage rituel et prévoyant, pour les bovins, un étourdissement complémentaire si l'animal reste conscient au-delà de quatre-vingt-dix secondes après la jugulation (CE, 4 oct. 2019, *Association Œuvre d'assistance aux bêtes d'abattoirs*, n° 423467).

IV. Corpus juridique de référence

– Constitution française du 4 oct.1958, notamment art. 1er

– DDHC de 1789, notamment art. 10

– Convention EDH, notamment art. 9

– CGCT

– CSP

– CJA, notamment art. L. 521-1 et L. 521-2

– Cons. const., 27 juill. 1982, n° 82-141 DC (Loi sur la communication audiovisuelle) (Le Conseil constitutionnel crée la notion d'OVC en y consacrant comme tels la sauvegarde de l'ordre public, le respect de la liberté d'autrui et la préservation du caractère pluraliste des courants d'expression socioculturels)

– Cons. const., 19 nov. 2004, n° 2004-505 DC (Traité établissant une Constitution pour l'Europe) (Interdiction de se prévaloir de ses croyances religieuses pour s'affranchir des règles communes régissant les relations entre collectivités publiques et particuliers)

– Cons. const., 16 mai 2012, n° 2012-248 QPC (Accès aux origines personnelles) (La protection de la santé qualifiée d'OVC)

– Cons. const., 21 févr. 2013, n° 2012-297 QPC (*Association pour la promotion et l'expansion de la laïcité* [Traitement des pasteurs des églises consistoriales dans les départements du Bas-Rhin, du Haut-Rhin et de la Moselle]) (Portée du principe de laïcité de la loi du 9 décembre 1905)

– Cons. const., 17 sept. 2015, n° 2015-480 QPC (*Association Plastics Europe* [Suspension de la fabrication, de l'importation, de l'exportation et de la mise sur le marché de tout conditionnement à vocation alimentaire contenant du Bisphénol A])

– Cons. const., 16 oct. 2015, nº 2015-493 QPC (M. Abdullah N. [Peine complémentaire obligatoire de fermeture de débit de boissons])

– Cons. const., 5 oct. 2018, nº 2018-737 QPC (M. Jaime Rodrigo F. [Transmission de la nationalité française aux enfants légitimes nés à l'étranger d'un parent français])

– Cons. const., 31 janv. 2020, nº 2019-823 QPC (Union des industries de la protection des plantes [Interdiction de la production, du stockage et de la circulation de certains produits phytopharmaceutiques])

– Cons. const., 11 mai 2020, nº 2020-80 DC (Loi prorogeant l'état d'urgence sanitaire et complétant ses dispositions)

– Cons. const., 13 août 2021, nº 2021-823 DC (Loi confortant le respect des principes de la République)

– Loi du 30 juin 1881 sur la liberté de réunion

– Loi du 9 décembre 1905 concernant la séparation des Églises et de l'État

– Loi nº 2000-597 du 30 juin 2000 relative au référé devant les juridictions administratives

– Loi nº 2020-290 du 23 mars 2020 d'urgence pour faire face à l'épidémie de Covid-19

– Loi nº 2020-546 du 11 mai 2020 prorogeant l'état d'urgence sanitaire et complétant ses dispositions

– Loi nº 2021-1109 du 24 août 2021 confortant le respect des principes de la République

– CE, ass., 14 avril 1995, *Consistoire central des israélites de France*, nº 125148 (Possibilité d'accorder aux élèves des autorisations d'absence nécessaires à l'exercice d'un culte ou à la célébration d'une fête religieuse)

– CE, 6 mars 2005, *ministre de l'Outre-mer c. Gouvernement de la Polynésie française*, nº 265560 (Le principe constitutionnel de laïcité implique la neutralité de l'État et des collectivités territoriales de la République et le traitement égal des différents cultes)

– CE, ass., 19 juill. 2011, n° 308544, n° 308817, n° 309161, n° 313518, n° 320796 (Décisions relatives à l'installation par une collectivité d'un orgue dans une église ; à la construction d'un ascenseur permettant d'accéder à la basilique de Fourvière à Lyon ; à la mise à disposition temporaire d'un abattoir à des fins rituelles ; à la mise à disposition d'un local communal à des fins cultuelles ; et à la conclusion d'un bail emphytéotique administratif pour la construction d'un lieu de culte)

– CE, ass., 9 nov. 2016, *Commune de Melun*, n° 395122 ; CE, ass., 9 nov. 2016, *Fédération de la libre-pensée de Vendée*, n° 395223 (Installation temporaire d'une crèche de Noël dans un espace public)

– CE, 7 mars 2019, *Commune de Valbonne*, n° 417629 (Le Conseil d'État précise les conditions dans lesquelles une commune peut mettre à disposition des locaux lui appartenant à une association cultuelle pour l'exercice d'un culte)

– CE, juge des référés, 18 mai 2020, *M. Arnaud F. et autres*, n° 440366, 440380, 440410, 440531, 440550, 440562, 440563, 440590

– CE, juge des référés, 12 juin 2020, M. V., n° 440840

– CE, juge des référés, 7 nov. 2020, n° 445825 (Pas de suspension des dispositions du décret du 29 octobre 2020 qui restreignent temporairement, dans le cadre du confinement, la possibilité de se rendre dans les lieux de culte et de s'y rassembler)

– CE, juge des référés, 29 novembre 2020, n° 446930, 446941, 446968 et 446975 (Injonction au gouvernement de modifier sous trois jours, la limite de 30 personnes pour les rassemblements dans les lieux de culte, en l'adaptant par exemple à la superficie des établissements ou à leur capacité d'accueil, afin que celle-ci soit strictement proportionnée au risque sanitaire)

– CE, juge des référés, 25 novembre 2020, *Fédération musulmane de Pantin*, n° 446303 (Les propos tenus par les responsables de la

Grande mosquée de Pantin et les idées ou théories diffusées en son sein constituent une provocation, en lien avec le risque de commission d'actes de terrorisme, à la violence, à la haine ou à la discrimination et sont de nature à justifier la fermeture du lieu de culte)

– TA Paris, juge des référés, 14 mai 2021, *Association des Palestiniens d'Île-de-France*, n° 2110299 (Rejet d'une demande de suspension d'un arrêté du préfet de police interdisant une manifestation déclarée)

V. Exemple de sujet avec son corrigé portant sur l'installation d'une crèche de Noël à l'entrée d'un conseil régional

Sujet : Un président de conseil régional peut-il installer une crèche de Noël à l'entrée du conseil régional ?

Introduction

Accroche : Le TA de Dijon a rendu un jugement n° 1703010 du 7 juin 2019, *Ligue française pour la défense des droits de l'homme et du citoyen*, fiché en C+, par lequel il a annulé la décision non formalisée du maire de la commune de Paray-le-Monial d'installer une assiette représentant une crèche de la nativité au sein de l'hôtel de ville de la commune au mois de décembre 2017.

Historique : Le Conseil d'État s'est prononcé en assemblée, le 9 novembre 2016, sur la question de la légalité de l'installation temporaire d'une crèche de Noël durant les fêtes de fin d'année au sein d'un hôtel de ville (CE, ass., 9 nov. 2016, *Commune de Melun*, n° 395122 ; CE, ass., 9 nov. 2016, *Fédération de la libre-pensée de Vendée*, n° 395223) et en a dégagé les règles à appliquer en la matière. Par deux ordonnances n° 1609112 du 20 décembre 2016 et n° 1709278 du 22 novembre 2018, le juge des référés du TA de Lyon a rejeté des requêtes tendant à annuler des décisions relatives à l'installation de crèches de nativité dans l'enceinte et le Hall de l'hôtel de la région Auvergne Rhône-Alpes pour les fêtes de fin d'année.

Définition : Le principe de neutralité trouve son fondement constitutionnel dans l'article 10 de la DDHC de 1879 qui garantit la liberté d'opinions, y compris religieuses, et est une expression dans l'article premier de la Constitution de 1958.

Problématique : Il résulte de ces textes et de leur interprétation par les jurisprudences constitutionnelle et administrative que ce principe de laïcité comporte deux volets. Il assure, d'abord, aux personnes physiques la liberté de conscience, qui inclut tant le droit de n'avoir aucune croyance religieuse que celui d'exercer librement le culte de son choix. Ensuite, et par voie de conséquence, il impose aux collectivités publiques, ainsi qu'aux personnes physiques participant au service public, de garantir à tous ces libertés de conscience et de pratique religieuse.

Annonce du plan :

I. Une interdiction de principe

Annonce des deux sous-parties :

1.1. Fondement sur le principe de laïcité

– Portée du principe de laïcité de la loi du 9 décembre 1905 : Cons. const., 21 févr. 2013, n° 2012-297 QPC.

– Il crée, pour les personnes publiques, des obligations, en leur imposant notamment, d'une part, d'assurer la liberté de conscience et de garantir le libre exercice des cultes, d'autre part, de veiller à la neutralité des agents publics et des services publics à l'égard des cultes, en particulier en n'en reconnaissant ni n'en subventionnant aucun.

1.2. La loi du 9 décembre 1905 concernant la séparation des Églises et de l'État

L'article 28 de la loi du 9 décembre 1905, qui a pour objet d'assurer la neutralité des personnes publiques à l'égard des cultes, s'oppose à l'installation par celles-ci, dans un emplacement public, d'un signe ou emblème manifestant la reconnaissance d'un culte ou marquant une préférence religieuse.

Transition : Une crèche de Noël est une représentation susceptible de revêtir une pluralité de significations. Il s'agit en effet d'une scène qui présente un caractère religieux, mais aussi d'un élément faisant partie des décorations et illustrations qui accompagnent traditionnellement les fêtes de fin d'année, sans signification religieuse particulière.

II. Des exceptions à cette interdiction

Annonce des deux sous-parties :

2.1. Les conditions à respecter

Eu égard à cette pluralité de significations, l'installation d'une crèche de Noël, à titre temporaire, à l'initiative d'une personne publique, dans un emplacement public, n'est légalement possible que lorsqu'elle présente un caractère culturel, artistique ou festif, sans exprimer la reconnaissance d'un culte ou marquer une préférence religieuse.

2.2. Les éléments d'appréciation à prendre en compte

– Pour apprécier si l'installation d'une crèche de Noël présente un caractère culturel, artistique ou festif, ou si elle exprime la reconnaissance d'un culte ou marque une préférence religieuse, il y a lieu de tenir compte non seulement du contexte, qui doit être dépourvu de tout élément de prosélytisme, des conditions particulières de cette installation, de l'existence ou de l'absence d'usages locaux, mais aussi du lieu de cette installation.

– Au regard du lieu de l'installation, la situation est différente, selon qu'il s'agit d'un bâtiment public, siège d'une collectivité publique ou d'un service public, ou d'un autre emplacement public. Dans l'enceinte des bâtiments publics, sièges d'une collectivité publique ou d'un service public, le fait pour une personne publique de procéder à l'installation d'une crèche de Noël ne peut, en l'absence de circonstances particulières permettant de lui reconnaître un caractère culturel, artistique ou festif, être regardé comme conforme aux exigences qui découlent du principe de neutralité des personnes publiques. À l'inverse, dans les autres emplacements publics, eu égard au caractère festif des installations liées aux fêtes de fin d'année notamment sur la voie publique, l'installation à cette occasion et durant cette période d'une crèche de Noël par une personne publique est possible dès lors qu'elle ne constitue pas un acte de prosélytisme ou de revendication d'une opinion religieuse.

Conclusion

Synthèse : La réponse à la question posée se trouve dans l'application pragmatique du principe de laïcité réalisée par le Conseil d'État dans ses deux décisions d'Assemblée du 9 novembre 2016 concernant l'installation de crèches de Noël dans les espaces publics (*Commune de Melun*, n° 395122 ; *Fédération de la libre-pensée de Vendée*, n° 395223).

Ouverture possible : Dans une décision du 27 juin 2018, *Syndicat national de l'enseignement supérieur*, n° 419595, le Conseil d'État a rappelé que le principe de laïcité figure au nombre des droits et libertés que la Constitution garantit et qu'il en résulte notamment la neutralité de l'État, le respect de toutes les croyances et l'égalité de tous les citoyens devant la loi sans distinction de religion. Il a jugé qu'il résulte ainsi du principe constitutionnel de laïcité que l'accès aux fonctions publiques, dont l'accès aux fonctions de président d'université, s'effectue sans distinction de croyance et de religion et que, par suite, il ne peut, en principe, être fait obstacle à ce qu'une personne ayant la qualité de ministre d'un culte puisse être élue aux fonctions de président d'université, celle-ci étant alors tenue, eu égard à la neutralité des services publics qui découle également du principe de laïcité, à ne pas manifester ses opinions religieuses dans l'exercice de ses fonctions ainsi qu'à un devoir de réserve en dehors de l'exercice de ces dernières (en ce qui concerne le devoir de réserve et la liberté d'expression des agents publics voir le guide suivant : https://lib.umso.co/lib_ufoFEvhlRMwflNFx/y870y48nspedczx4.pdf).

VI. Exemples de questions sur le thème de la liberté du culte

– Définissez la liberté du culte en France.

– Qu'est-ce qu'un objectif de valeur constitutionnel ? Pouvez-vous citer des exemples ?

– Est-il temps de modifier la loi du 9 décembre 1905 concernant la séparation des Églises et de l'État ?

– L'État peut-il participer au financement des cultes ?

– Quelles sont les conditions dans lesquelles une collectivité territoriale peut, au regard des dispositions de la loi du 9 décembre 1905, prendre en charge des dépenses en rapport avec un lieu de culte ou une activité cultuelle ?

– Quel est le statut des ministres du culte ?

– Un ministre d'un culte peut-il être régulièrement élu aux fonctions de président d'université ?

– Qu'est-ce que la neutralité pour vous ?

– Définissez le principe de laïcité.

– Les patients hospitalisés et les détenus bénéficient-ils du principe du libre exercice du culte ?

– Peut-on se prévaloir de ses croyances religieuses pour s'affranchir des règles communes régissant les relations entre collectivités publiques et particuliers ?

– La réglementation française impose-t-elle un étourdissement préalable des animaux avant l'abattage ou la mise à mort dans le cadre d'un abattage rituel ?

– Quels sont les principaux apports de la loi du 24 août 2021 confortant le respect des principes de la République ?

12 décembre 2020 : interdiction d'utiliser des drones pour filmer les manifestations publiques à Paris

Par une décision n° 446155 du 22 décembre 2020, Association La Quadrature du Net, le Conseil d'État a suspendu la décision du préfet de police de Paris de procéder à l'utilisation de drones pour la surveillance de rassemblements de personnes sur la voie publique.

L'association La Quadrature du Net a d'abord demandé au juge des référés du tribunal administratif de Paris, statuant sur le fondement de l'article L. 521-1 du CJA, de suspendre l'exécution de la décision du préfet de police de Paris, révélée par des témoignages, des clichés photographiques et des vidéos diffusés par la presse et par des particuliers sur les réseaux sociaux, montrant que la police utilise toujours des drones à des fins de police administrative, notamment lors de manifestations sur la voie publique, et d'enjoindre au préfet de police de cesser immédiatement, à compter du prononcé de l'ordonnance à intervenir, de capter des images par drones, de les enregistrer, de les transmettre ou de les exploiter et de détruire toute image déjà captée dans ce contexte sous astreinte de 1 024 euros par jour de retard. Par une ordonnance n° 2017540 du 4 novembre 2020, le juge des référés du tribunal administratif de Paris a rejeté cette demande.

Après quoi, l'association La Quadrature du Net a présenté un pourvoi au secrétariat du contentieux du Conseil d'État en demandant au juge des référés du Conseil d'État, statuant sur le fondement de l'article L. 521-1 du CJA, notamment d'annuler cette ordonnance et de faire droit à ses demandes de première instance.

Le Conseil d'État a suspendu la décision du préfet de police de Paris de procéder à l'utilisation de drones pour la surveillance de rassemblements de personnes sur la voie publique et enjoint au préfet de police de cesser, sans délai, de procéder aux mesures de surveillance par drone des rassemblements de personnes sur la voie publique.

I. Fondamentaux à connaître en matière de liberté de manifestation sur la voie publique

A. Reconnaissance progressive de la liberté de manifestation

La DDHC de 1789 ne fait pas directement référence à la liberté de manifestation mais celle-ci découle en partie de son article 11 selon lequel la libre communication des pensées et des opinions est un des droits les plus précieux de l'homme.

Les textes antérieurs à 1881 mêlaient association, réunion et manifestation sans bien les différencier. Aussi la conception d'une législation garante de la liberté de manifestation supposait-elle, outre la volonté d'instaurer un tel régime de liberté, une clarification de ces différentes notions.

La manifestation est une forme de réunion qui présente la double particularité, d'une part, d'être organisée sur la voie publique et, d'autre part, d'avoir pour objectif d'exprimer un sentiment collectif. Elle peut être fixe ou se combiner avec un déplacement en cortège et se distingue de l'attroupement qui se définit, quant à lui, comme un rassemblement inorganisé et susceptible d'entraîner des troubles pour l'ordre public.

B. Garanties législatives puis constitutionnelles de la liberté de manifestation

La loi du 30 juin 1881 sur la liberté de réunion, toujours en vigueur, n'aborde pas directement la liberté de manifestation tout en interdisant les réunions sur la voie publique à son article 6.

C'est un décret-loi du 23 octobre 1935 portant réglementation des mesures relatives au renforcement du maintien de l'ordre public qui a déterminé le régime des manifestations. Ce texte a été abrogé le 1er mai 2012 par l'ordonnance nº 2012-351 du 12 mars 2012 relative à la partie législative du Code de la sécurité intérieure (CSI). L'article L. 211-1 du CSI prévoit, depuis lors, que sont soumis à l'obligation d'une déclaration préalable tous cortèges, défilés et rassemblements de personnes et, d'une façon plus générale, toutes manifestations sur la voie publique. L'article L. 211-2 du même code, modifié par la loi nº 2019-290 du 10 avril 2019 visant à renforcer et garantir le maintien de l'ordre public lors des manifestations, précise que la déclaration est faite à la mairie de la commune ou aux maires des différentes communes sur le territoire desquelles la manifestation doit avoir lieu, trois jours francs au moins et quinze jours francs au plus avant la date de la manifestation. La déclaration fait connaître les noms, prénoms et domiciles des organisateurs et est signée par au moins l'un d'entre eux. Elle doit, par ailleurs, indiquer le but de la manifestation, le lieu, la date et l'heure du rassemblement des groupements invités à y prendre part et, s'il y a lieu, l'itinéraire projeté.

Les attroupements sont depuis longtemps sévèrement réprimés par des dispositions de nature pénale. Les prescriptions aujourd'hui en vigueur sont celles de l'article L. 431-3 du Code pénal et celles de l'article L. 211-9 du CSI.

La loi a ainsi établi un régime de déclaration préalable pour les manifestations et l'interdiction des attroupements avec la possibilité de dispersion par la force et des sanctions pénales.

La liberté de manifestation est ainsi non seulement protégée par le législateur mais aussi constitutionnellement garantie. Voir en ce sens la décision nº 94-352 DC du 18 janvier 1995, Loi d'orientation et de programmation relative à la sécurité. Son exercice quotidien s'effectue en conséquence sous le contrôle du juge.

C. Étendue des pouvoirs des autorités de police administrative en matière de liberté de manifestation

L'article L. 211-3 du CSI prévoit que si les circonstances font craindre des troubles graves à l'ordre public et à compter du jour de déclaration d'une manifestation sur la voie publique ou si la manifestation n'a pas été déclarée, dès qu'il en a connaissance, le représentant de l'État dans le département ou, à Paris, le préfet de police, peut interdire, pendant les vingt-quatre heures qui la précèdent et jusqu'à dispersion, le port et le transport, sans motif légitime, d'objets pouvant constituer une arme au sens de l'article 132-75 du Code pénal. L'aire géographique où s'applique cette interdiction se limite aux lieux de la manifestation, aux lieux avoisinants et à leurs accès, son étendue devant demeurer proportionnée aux nécessités que font apparaître les circonstances.

L'article L. 211-4 du CSI prévoit que si l'autorité investie des pouvoirs de police estime que la manifestation projetée est de nature à troubler l'ordre public, elle l'interdit par un arrêté qu'elle notifie immédiatement aux signataires de la déclaration au domicile élu. Le maire transmet, dans les vingt-quatre heures, la déclaration au représentant de l'État dans le département. Il y joint, le cas échéant, une copie de son arrêté d'interdiction. Si le maire, compétent pour prendre un arrêté d'interdiction, s'est abstenu de le faire, le représentant de l'État dans le département peut y pourvoir dans les conditions prévues à l'article L. 2215-1 du CGCT.

À cet article s'ajoutent les mesures de police administrative prévues en matière de liberté de manifestation dans la loi du 10 avril 2019 visant à renforcer et garantir le maintien de l'ordre public lors des manifestations.

À noter qu'en matière d'incrimination de dissimulation illicite du visage à l'occasion de manifestation sur la voie publique, le Conseil d'État a jugé, le 23 février 2011, dans l'affaire Syndicat national des enseignements de second degré, fédération syndicale unitaire, H. et syndicat des avocats de France et B. et L., n° 329477, 329538, 329990, 330890, qu'en édictant une mesure de police visant à traiter les comportements violents en marge des manifestations et en rendant passible de contravention la dissimulation volontaire du visage afin d'échapper à l'identification en cas de risque de perturbation de l'ordre public, le pouvoir réglementaire n'a pas excédé ses compétences, dans la mesure, d'une part, où le décret n° 2009-724 du 19 juin 2009 relatif à l'incrimination de dissimulation illicite du visage à l'occasion de manifestation sur la voie publique attaqué n'avait pas pour objet de réglementer la liberté de manifestation, et notamment pas d'interdire de manifester en dissimulant son visage, et, d'autre part, où il n'avait pas pour effet d'y porter atteinte, dès lors que ses dispositions ne peuvent régir le comportement des manifestants participant dans le respect de l'ordre public à une manifestation.

D. Liberté de manifestation exercée sous le contrôle du juge administratif

Les pouvoirs de police sont étroitement délimités, comme l'indiquait déjà le commissaire du gouvernement Corneille, dans ses conclusions sur l'affaire Baldy, jugée le 17 août 1917 : « (...) la liberté est la règle et la restriction de police l'exception ». Cette formule a directement inspiré la jurisprudence ultérieure, en particulier dans le domaine des libertés de manifestation, et elle conserve une pleine actualité. Elle fonde le raisonnement selon lequel une mesure d'interdiction n'est légale que si elle est nécessaire. Ainsi, des impératifs d'ordre public sont exigés pour justifier l'interdiction d'une manifestation.

Le juge administratif veille avec vigilance au respect des règles qu'il a ainsi tracées. Toute interdiction trop générale est illégale mais le risque de troubles graves tout comme des menaces pour l'ordre public permettent d'interdire une manifestation qui s'accompagne du port d'emblèmes ou d'insignes autres que le drapeau tricolore (CE, 26 juin 1933, *Storez*) et eu égard aux « circonstances du moment ». Le Conseil d'État a aussi jugé que le respect de la liberté de manifestation ne fait pas obstacle à ce que l'autorité investie du pouvoir de police interdise une activité si une telle mesure est seule de nature à prévenir un trouble à l'ordre public et qu'en interdisant plusieurs rassemblements liés à la distribution sur la voie publique d'aliments contenant du porc, le préfet de police n'a pas, eu égard au fondement et au but de la manifestation et à ses motifs portés à la connaissance du public par le site internet de l'association, porté une atteinte grave et manifestement illégale à la liberté de manifestation (CE, juge des référés, 5 janv. 2007, n° 300311, *ministre d'État, ministre de l'Intérieur et de l'Aménagement du territoire c. L'association Solidarité des Français*).

Le juge administratif a la possibilité de faire cesser rapidement toute illégalité en la matière depuis la mise en place du référé-liberté de l'article L. 521-2 du CJA et du référé-suspension de l'article L. 521-1 du même code, depuis la loi n° 2000-597 du 30 juin 2000 modifiée relative au référé devant les juridictions administratives.

Les manifestations qui touchent à la liberté des cultes sont particulièrement protégées. Le Conseil d'État exerce ainsi un contrôle très étroit sur les mesures concernant les processions et, de façon générale, les manifestations extérieures de la religion. Seules des menaces sérieuses et précises pour l'ordre public peuvent justifier l'interdiction des cérémonies traditionnelles. Pour les manifestations dont l'organisation est un élément de la liberté religieuse et, plus largement, de la liberté de conscience, le cadre juridique tracé par le juge se rapproche de celui de la liberté de réunion. En effet, l'autorité de police doit chercher d'abord à permettre, par des mesures de prévention, l'exercice de la liberté, elle ne peut prononcer une interdiction que dans le cas où elle ne dispose pas des moyens de permettre avec efficacité de telles mesures.

Dans sa décision n° 446155 du 22 décembre 2020, *Association La Quadrature du Net*, le Conseil d'État a jugé qu'il résulte de l'article 3 de la directive (UE) 2016/680 du 27 avril 2016 qu'un dispositif de surveillance qui consiste à collecter des données, grâce à la captation d'images par drone, afin de les transmettre, après application d'un procédé de floutage, au centre de commandement de la préfecture de police pour un visionnage en temps réel, constitue un traitement au sens de cette directive. Si ce dispositif permet de ne renvoyer à la direction opérationnelle que des images ayant fait l'objet d'un floutage, il ne constitue que l'une des opérations d'un traitement d'ensemble des données, qui va de la collecte des images par le drone à leur envoi vers la salle de commandement, après transmission des flux vers le serveur de floutage, décomposition de ces flux image par image aux fins d'identifier celles qui correspondent à des données à caractère personnel pour procéder à l'opération de floutage, puis à la recomposition du flux vidéo comportant les éléments floutés. Dès lors que les images collectées par les appareils sont susceptibles de comporter des données identifiantes, la circonstance que seules les données traitées par le logiciel de floutage parviennent au centre de commandement n'est pas de nature à modifier la nature des données faisant l'objet du traitement, qui doivent être regardées comme des données à caractère personnel.

Par une décision n° 444849, 445063, 445355, 445365, du 10 juin 2021, Syndicat national des journalistes et autres, le Conseil d'État a annulé plusieurs mots et points du schéma national du maintien de l'ordre, affirmant ainsi l'importance particulière de la présence des journalistes lors des manifestations.

II. Encadrement de la liberté de manifestation sur la voie publique sous l'empire de l'état d'urgence sanitaire

A. Loi du 23 mars 2020 d'urgence pour faire face à l'épidémie de Covid-19 et sa prorogation

L'article 4 de la loi n° 2020-290 du 23 mars 2020 d'urgence pour faire face à l'épidémie de Covid-19 prévoit, par dérogation aux dispositions de l'article L. 3131-13 du CSP, que l'état d'urgence sanitaire est déclaré pour une durée de deux mois à compter de l'entrée en vigueur de cette loi, soit le 24 mars 2020, et sur l'ensemble du territoire national. Toutefois, un décret en Conseil des ministres pris sur le rapport du ministre chargé de la santé peut en limiter l'application à certaines des circonscriptions territoriales qu'il précise.

La prorogation de l'état d'urgence sanitaire au-delà du 24 mars 2020 ne pouvait être autorisée que par la loi et il pouvait être mis fin à l'état d'urgence sanitaire par un décret en Conseil des ministres avant le 24 mars 2020.

Tel n'a pas été le cas dès lors que l'état d'urgence sanitaire déclaré par l'article 4 de la loi du 23 mars 2020 d'urgence pour faire face à l'épidémie de Covid-19 a été prorogé jusqu'au 10 juillet 2020 inclus par le I de l'article 1er de la loi n° 2020-546 du 11 mai 2020 prorogeant l'état d'urgence sanitaire et complétant ses dispositions.

Enfin, la loi n° 2020-856 du 9 juillet 2020 organise la sortie de l'état d'urgence sanitaire, à compter du 11 juillet 2020 et jusqu'au 30 octobre 2020 inclus, hors les territoires de la Guyane et de Mayotte. À noter que le Premier ministre peut notamment dans ce cadre, par décret pris sur le rapport du ministre chargé de la santé, dans l'intérêt de la santé publique et aux seules fins de lutter contre la propagation de l'épidémie de Covid-19, et sans préjudice des articles L. 211-2 et L. 211-4 du CSI, réglementer les rassemblements de personnes, les réunions et les activités sur la voie publique et dans les lieux ouverts au public.

B. Limitations réglementaires au droit de manifestation

Le décret n° 2020-260 du 16 mars 2020 portant réglementation des déplacements dans le cadre de la lutte contre la propagation du virus Covid-19 a, d'abord, interdit jusqu'au 31 mars 2020 le déplacement de toute personne hors de son domicile à l'exception des déplacements pour certains motifs (trajets entre le domicile et le ou les lieux d'exercice de l'activité professionnelle et déplacements professionnels insusceptibles d'être différés, déplacements pour effectuer des achats de fournitures nécessaires à l'activité professionnelle et des achats de première nécessité, déplacements pour motif de santé, déplacements pour motif familial impérieux, pour l'assistance des personnes vulnérables ou pour la garde d'enfants et déplacements brefs, à proximité du domicile, liés à l'activité physique individuelle des personnes, à l'exclusion de toute pratique sportive collective, et aux besoins des animaux de compagnie), dans le respect des mesures générales de prévention de la propagation du virus et en évitant tout regroupement de personnes.

Le décret n° 2020-293 du 23 mars 2020 prescrivant les mesures générales nécessaires pour faire face à l'épidémie de Covid-19 dans le cadre de l'état d'urgence sanitaire a, ensuite, maintenu l'interdiction jusqu'au 31 mars 2020 de déplacement de toute personne hors de son domicile à l'exception des déplacements pour certains motifs (auxquels sont ajoutés les déplacements brefs, dans la limite d'une heure quotidienne et dans un rayon maximal d'un kilomètre autour du domicile, liés soit à l'activité physique individuelle des personnes, à l'exclusion de toute pratique sportive collective et de toute proximité avec d'autres personnes, soit à la promenade avec les seules personnes regroupées dans un même domicile, soit aux besoins des animaux de compagnie, les déplacements résultant d'une obligation de présentation aux services de police ou de gendarmerie nationales ou à tout autre service ou professionnel, imposée par l'autorité de police administrative ou l'autorité judiciaire, les déplacements résultant d'une convocation émanant d'une juridiction administrative ou de l'autorité judiciaire ainsi que les déplacements aux seules fins de participer à des missions d'intérêt général sur demande de l'autorité administrative et dans les conditions qu'elle précise) en évitant tout regroupement de personnes. L'article 7 de ce même décret prévoit que tout rassemblement, réunion ou activité mettant en présence de manière simultanée plus de 100 personnes en milieu clos ou ouvert, est interdit sur le territoire de la République jusqu'au 15 avril 2020. Les rassemblements, réunions ou activités indispensables à la continuité de la vie de la Nation peuvent être maintenus à titre dérogatoire par le représentant de l'État dans le département, par des mesures réglementaires ou individuelles, sauf lorsque les circonstances locales s'y opposent. Le représentant de l'État dans le département est habilité aux mêmes fins à interdire ou à restreindre, par des mesures réglementaires ou individuelles, les rassemblements, réunions ou activités ne relevant pas du premier alinéa lorsque les circonstances locales l'exigent.

Le décret n° 2020-548 du 11 mai 2020 prescrivant les mesures générales nécessaires pour faire face à l'épidémie de Covid-19 dans le cadre de l'état d'urgence sanitaire prévoit que tout déplacement de personne la conduisant à la fois à sortir d'un périmètre défini par un rayon de 100 kilomètres de son lieu de résidence et à sortir du département dans lequel ce dernier est situé est interdit à l'exception des déplacements pour les motifs précédemment évoqués. L'article 7 de ce décret prévoit que tout rassemblement, réunion ou activité à un titre autre que professionnel sur la voie publique ou dans un lieu public, mettant en présence de manière simultanée plus de dix personnes, est interdit sur l'ensemble du territoire de la République. Lorsqu'il n'est pas interdit par l'effet de ces dispositions, il est organisé dans les conditions de nature permettant la distanciation physique d'au moins un mètre entre deux personnes, dites « barrières », définies au niveau national, doivent être observées en tout lieu et en toutes circonstances. Par ailleurs, l'article 8 du décret prévoit qu'aucun évènement réunissant plus de 5 000 personnes ne peut se dérouler sur le territoire de la République jusqu'au 31 août 2020.

Le II de l'article 3 du décret n° 2020-663 du 31 mai 2020 prescrivant les mesures générales nécessaires pour faire face à l'épidémie de Covid-19 dans le cadre de l'état d'urgence sanitaire a toutefois étendu l'exception à l'interdiction, reprise à son I, des rassemblements, réunions ou activités sur la voie publique ou dans un lieu ouvert au public mettant en présence simultanée plus de dix personnes, aux services de transport de voyageurs, aux établissements recevant du public dans lesquels l'accueil du public n'est pas interdit et aux cérémonies funéraires organisées hors de tels établissements, en plus des rassemblements, réunions ou activités à caractère professionnel pour lesquels cette exception était déjà prévue par le décret du 11 mai 2020.

Enfin, le décret n° 2021-932 du 13 juillet 2021 modifiant le décret n° 2021-699 du 1er juin 2021 prescrit les mesures générales nécessaires à la gestion de la sortie de crise sanitaire.

C. Conciliation du droit de manifestation avec la protection de la santé et maintien de l'ordre public

La liberté d'expression et de communication, garantie par la Constitution du 4 octobre 1958 et par les articles 10 et 11 de la Convention EDH et dont découle le droit d'expression collective des idées et des opinions, constitue une liberté fondamentale au sens de l'article L. 521-2 du CJA.

Son exercice, notamment par la liberté de manifester ou de se réunir, est une condition de la démocratie et l'une des garanties du respect d'autres droits et libertés constituant également des libertés fondamentales au sens de cet article, tels que la liberté syndicale.

Il doit cependant être concilié avec le respect de l'objectif de valeur constitutionnelle de protection de la santé et avec le maintien de l'ordre public.

III. Ordonnances des 13 juin et 6 juillet 2020 du juge des référés du Conseil d'État

A. Le juge des référés du Conseil d'État suspend l'interdiction générale et absolue de manifester sur la voie publique

Dans le cadre de l'état d'urgence sanitaire instauré pour faire face à l'épidémie de Covid-19 par les lois du 23 mars 2020 et du 11 mai 2020 prorogeant l'état d'urgence sanitaire et complétant ses dispositions, l'article 3 du décret du 31 mai 2020 prescrivant les mesures générales nécessaires pour faire face à l'épidémie de Covid-19 interdit les rassemblements, réunions ou activités sur la voie publique ou dans un lieu ouvert au public mettant en présence simultanée plus de dix personnes.

Des associations et des syndicats ont demandé au juge des référés du Conseil d'État, sur le fondement de l'article L. 521-2 du CJA (référé-liberté), de suspendre l'application de cette interdiction pour les manifestations dans l'espace public.

Le juge des référés du Conseil d'État constate que les recommandations du Haut Conseil de la santé publique, du 24 avril 2020, ne préconisent aucune restriction de principe à la circulation dans l'espace public tant que les « mesures barrières » sont respectées et qu'aucune reprise de l'épidémie de Covid-19 n'est constatée.

Étant précisé que la liberté de manifester est une liberté fondamentale, il en déduit, d'une part, que, sauf circonstances particulières, l'interdiction de manifestation sur la voie publique n'est justifiée par les risques sanitaires seulement si les « mesures barrières » ne pourraient être respectées ou si la manifestation sur la voie publique risque de réunir plus de 5 000 personnes et, d'autre part, que l'interdiction posée au I de l'article 3 du décret du 31 mai 2020 doit être regardée comme présentant un caractère général et absolu à l'égard des manifestations sur la voie publique, ne peut, à ce jour, être regardée comme une mesure nécessaire et adaptée, et, ce faisant, proportionnée à l'objectif de préservation de la santé publique qu'elle poursuit en ce qu'elle s'applique à ces rassemblements soumis par ailleurs à l'obligation d'une déclaration préalable en vertu de l'article L. 211-1 du CSI, que l'autorité investie des pouvoirs de police et le représentant de l'État demeurent en droit d'interdire, sous le contrôle du juge administratif, y compris le cas échéant saisi sur le fondement du livre V du CJA.

En conséquence, le juge des référés du Conseil d'État suspend l'exécution de l'article 3 du décret du 31 mai 2020 pour les manifestations sur la voie publique soumises à l'obligation d'une déclaration préalable.

B. Le juge des référés du Conseil d'État suspend l'obligation d'obtenir une autorisation avant d'organiser une manifestation

À la suite de la suspension de l'article 3 du décret du 31 mai 2020 pour les manifestations sur la voie publique soumises à l'obligation d'une déclaration préalable par une ordonnance juge des référés du Conseil d'État du 13 juin 2020, le Premier ministre a modifié le décret afin de prévoir que l'interdiction des rassemblements de plus de dix personnes ne s'appliquerait pas aux manifestations autorisées par le préfet, dont l'autorisation est soumise à la condition que l'organisation de la manifestation permette le respect par les participants des mesures dites « barrières ».

Le juge des référés du Conseil d'État juge alors que l'obligation d'obtenir une autorisation avant d'organiser une manifestation sur la voie publique ainsi créée est excessive, étant rappelé, qu'en temps normal, les manifestations sur la voie publique sont seulement soumises à une obligation de déclaration préalable auprès des autorités préfectorales.

Or, la nouvelle version du décret du 31 mai 2020, d'une part, inverse cette logique en instituant que toute manifestation demeure interdite tant que le préfet ne l'a pas autorisée et, d'autre part, ne prévoit pas de délai pour que le préfet rende sa décision risquant ainsi d'empêcher les organisateurs de la manifestation sur la voie publique de pouvoir saisir le juge administratif en temps utile.

En conséquence, le juge des référés du Conseil d'État estime qu'il existe un doute sérieux sur le fait que cette nouvelle procédure instituée par la nouvelle version du décret du 31 mai 2020 ne porte pas une atteinte disproportionnée au droit de manifester et suspend les dispositions du décret du 31 mai 2020 prévoyant cette procédure. Précisément, il suspend l'exécution des dispositions du I et du II bis de l'article 3 du décret du 31 mai 2020 en tant qu'elles s'appliquent aux manifestations sur la voie publique soumises à l'obligation d'une déclaration préalable en vertu de l'article L. 211-1 du CSI. Enfin, il estime que l'interdiction des rassemblements de plus de 5 000 personnes, qui demeure inchangée dans le décret du 31 mai 2020, reste justifiée au regard de la situation sanitaire du moment.

IV. Corpus juridique de référence

– Constitution française du 4 octobre 1958

– Convention EDH

– Code pénal

– Code de procédure pénale

– Code de la santé publique

– Code de la sécurité intérieure

– Code de justice administrative

– Cons. const., 18 janv. 1995, n° 94-352 DC, Loi d'orientation et de programmation relative à la sécurité

– Cons. const., 26 mars 2020, n° 2020-799 DC, Loi organique d'urgence pour faire face à l'épidémie de Covid-19

– Cons. const., 11 mai 2020, n° 2020-800 DC, Loi prorogeant l'état d'urgence sanitaire et complétant ses dispositions

– Cons. const., 9 juill. 2020, n° 2020-803 DC, Loi organisant la sortie de l'état d'urgence sanitaire

– Cons. const., 5 août 2021, n° 2021-824 DC, Loi relative à la gestion de la crise sanitaire

– Loi n° 2000-597 du 30 juin 2000 relative au référé devant les juridictions administratives

– Loi n° 2010-201 du 2 mars 2010 renforçant la lutte contre les violences de groupes et la protection des personnes chargées d'une mission de service public

– Loi n° 2010-1192 du 11 oct. 2010 interdisant la dissimulation du visage dans l'espace public

– Loi n° 2016-564 du 10 mai 2016 renforçant le dialogue avec les supporters et la lutte contre le hooliganisme

– Loi n° 2017-1510 du 30 oct. 2017 renforçant la sécurité intérieure et la lutte contre le terrorisme

– Loi n° 2019-290 du 10 avr. 2019 visant à renforcer et garantir le maintien de l'ordre public lors des manifestations

– Loi n° 2020-290 du 23 mars 2020 d'urgence pour faire face à l'épidémie de Covid-19

– Loi n° 2020-546 du 11 mai 2020 prorogeant l'état d'urgence sanitaire et complétant ses dispositions

– Loi n° 2020-856 du 9 juill. 2020 organisant la sortie de l'état d'urgence sanitaire

– Loi n° 2020-1379 du 14 nov. 2020 autorisant la prorogation de l'état d'urgence sanitaire et portant diverses mesures de gestion de la crise sanitaire

– Loi n° 2021-646 du 25 mai 2021 pour une sécurité globale préservant les libertés (secteur de la sécurité privée)

– Loi n° 2021-689 du 31 mai 2021 relative à la gestion de la sortie de crise sanitaire

– Loi n° 2021-1040 du 5 août 2021 relative à la gestion de la crise sanitaire

– Décret n° 2019-208 du 20 mars 2019 instituant une contravention pour participation à une manifestation interdite sur la voie publique

– Décret n° 2020-260 du 16 mars 2020 portant réglementation des déplacements dans le cadre de la lutte contre la propagation du virus Covid-19

– Décret n° 2020-293 du 23 mars 2020 prescrivant les mesures générales nécessaires pour faire face à l'épidémie de Covid-19 dans le cadre de l'état d'urgence sanitaire

– Décret n° 2020-548 du 11 mai 2020 prescrivant les mesures générales nécessaires pour faire face à l'épidémie de Covid-19 dans le cadre de l'état d'urgence sanitaire

– Décret n° 2020-663 du 31 mai 2020 prescrivant les mesures générales nécessaires pour faire face à l'épidémie de Covid-19 dans le cadre de l'état d'urgence sanitaire

– Décret n° 2020-1257 du 14 oc. 2020 déclarant l'état d'urgence sanitaire

– Décret n° 2021-932 du 13 juill. 2021 modifiant le décret n° 2021-699 du 1er juin 2021 prescrivant les mesures générales nécessaires à la gestion de la sortie de crise sanitaire

– Décision du Défenseur des droits n° 2020-131 du 9 juillet 2020

– CE, du 22 déc. 2020, *Association La Quadrature du Net*, n° 446155 (Suspension de la décision du préfet de police de Paris de procéder à l'utilisation de drones pour la surveillance de rassemblements de personnes sur la voie publique)

– CE, 10 juin 2021, *Syndicat national des journalistes et autres*, n° 444849, 445063, 445355, 445365 (Importance particulière de la présence des journalistes lors des manifestations)

– Cass. 1re civ., 2 juin 2021, *FS-P*, n° 20-13753 (Il résulte des articles 9 du Code civil et 8 de la Convention EDH que le droit dont la personne dispose sur son image porte sur sa captation, sa conservation, sa reproduction et son utilisation et que la seule constatation d'une atteinte ouvre droit à réparation)

V. Exemple de sujet avec son corrigé portant sur la liberté de manifestation

Sujet : Soutenez que la liberté de manifestation est garantie en France

Introduction

Accroche : Par une décision n° 2020-131 du 9 juillet 2020, le Défenseur des droits a adopté une décision-cadre portant recommandations générales sur les pratiques du maintien de l'ordre au regard des règles de déontologie. Il a ainsi rappelé, eu égard à la place croissante de la « judiciarisation » du maintien de l'ordre, l'importance de la mission administrative de prévention et d'encadrement de l'exercice du droit de manifester par les forces de l'ordre. Il a également rappelé la rigueur dont les forces de l'ordre doivent faire preuve s'agissant des motifs du contrôle et de l'interpellation d'une personne, la garde à vue étant une mesure privative de liberté contraignante, qui a également pour conséquence dans le contexte particulier du maintien de l'ordre, de priver un individu de son droit de manifester.

Historique : La place de la liberté de manifestation dans notre patrimoine juridique semble aujourd'hui aller de soi. Elle n'a pourtant été que progressivement consacrée par le législateur et il a fallu attendre la IIIe République pour qu'elle soit assurée de façon définitive.

Définition : La liberté de manifestation, tout comme la liberté d'association, constitue une illustration des libertés publiques de la « première génération ». Elle relève de ces droits fondamentaux reconnus aux citoyens conformément à l'esprit de la DDHC de 1789.

Problématique : La liberté de manifestation est aujourd'hui garantie en France et s'exerce sous le contrôle du juge administratif.

Annonce du plan

I. La reconnaissance progressive de la liberté de manifestation

Annonce des deux sous-parties :

1.1. Tentative de définition de la manifestation (cf. I. A. *supra*)

1.2. Les garanties législatives puis constitutionnelles de la liberté de manifestation (cf. I. B. *supra*)

Transition : La liberté de manifestation est ainsi non seulement protégée par le législateur mais aussi constitutionnellement garantie (Décision n° 94-352 DC du 18 janv. 1995 : Loi d'orientation et de programmation relative à la sécurité). Son exercice quotidien s'effectue en conséquence sous le contrôle du juge.

II. La pratique de la liberté de manifestation sous le contrôle du juge

Annonce des deux sous-parties :

2.1. Les pouvoirs des autorités de police administrative en matière de la liberté de manifestation (cf. I. C. *supra*)

2.2. Le contrôle des décisions administratives restreignant la liberté de manifestation par le juge administratif (cf. I. D. *supra*)

Conclusion

Synthèse : La liberté de manifestation est aujourd'hui garantie en France dès lors qu'elle est protégée par le législateur et constitutionnellement garantie et que son exercice quotidien s'effectue sous le contrôle du juge.

Ouverture possible : L'ordonnance du 13 juin 2020 par laquelle le juge des référés du Conseil d'État suspend l'interdiction générale et absolue de manifester sur la voie publique et celle du 6 juillet 2020 par laquelle le juge des référés du Conseil d'État suspend l'obligation d'obtenir une autorisation avant d'organiser une manifestation révèlent la défense de la liberté fondamentale de manifestation par le juge administratif.

VI. Exemples de questions sur le thème de la liberté de manifestation

– La liberté de manifestation a-t-elle été récemment restreinte en France ?

– La liberté de réunion a-t-elle été récemment réduite sur le territoire français ?

– La liberté d'aller et de venir a-t-elle été récemment limitée en France ?

– Est-il possible de manifester en état d'urgence sanitaire ? Si oui, dans quelles conditions ?

– Comment concilier le droit de manifestation avec la protection de la santé et le maintien de l'ordre public ?

– Est-il possible d'interdire de façon générale et absolue le droit de manifester ?

– Faut-il faire payer la casse aux casseurs lors des manifestations ?

– Que risque un manifestant qui participe à une manifestation interdite sur la voie publique ?

– Que risque une personne physique qui appelle à manifester pour manifestement troubler l'ordre public ?

– Quel est le régime de responsabilité à raison des dommages résultant d'attroupements et rassemblements ?

27 avril 2021 : Interdiction du droit de grève et du droit syndical des agents de la DGSE

Décision du Conseil d'État n° 440254 du 27 avril 2021

La seule appartenance à la direction générale de la Sécurité extérieure (DGSE) emporte des conséquences particulières et notamment l'interdiction pour ses fonctionnaires de faire grève ou de se syndiquer.

En indiquant dans le Préambule de la Constitution du 27 octobre 1946, auquel se réfère le Préambule de la Constitution du 4 octobre 1958 que le droit de grève s'exerce dans le cadre des lois qui le réglementent, l'assemblée constituante a entendu inviter le législateur à opérer la conciliation entre la défense des intérêts professionnels, dont la grève constitue l'une des modalités, et la sauvegarde de l'intérêt général, auquel elle peut être de nature à porter atteinte. En l'absence de la complète législation ainsi annoncée par la Constitution, la reconnaissance du droit de grève ne saurait avoir pour conséquence d'exclure les limitations qui doivent être apportées à ce droit, comme à tout autre, en vue d'en éviter un usage abusif, ou bien contraire aux nécessités de l'ordre public ou aux besoins essentiels du pays. En l'état de la législation, il appartient à l'autorité administrative responsable du bon fonctionnement d'un service public de fixer elle-même, sous le contrôle du juge de l'excès de pouvoir, la nature et l'étendue de ces limitations pour les services dont l'organisation lui incombe.

En l'espèce, il appartient au pouvoir réglementaire, compétent, pour adopter le statut du personnel de la DGSE par la voie du décret en

Conseil d'État auquel renvoie l'article 2 de la loi du 3 février 1953, de déterminer les limitations à l'exercice du droit de grève de ces agents. C'est l'article 2 du décret n° 2015-386 du 3 avril 2015 qui prévoit que les fonctionnaires de la direction générale de la sécurité extérieure ne disposent pas du droit de grève.

Le Conseil d'État a jugé qu'une cessation concertée du travail de fonctionnaires de la DGSE aurait, eu égard aux missions de cette direction qui doivent être assurées sans discontinuité, pour effet de porter une atteinte grave à la sécurité nationale et qu'en leur refusant l'exercice du droit de grève, l'article 2 du décret du 3 avril 2015 ne méconnaît pas le septième alinéa du Préambule de la Constitution de 1946.

Le Conseil d'État a rejeté la requête du requérant tendant notamment à demander l'annulation pour excès de pouvoir de plusieurs articles du décret du 3 avril 2015 fixant le statut des fonctionnaires de la DGSE.

I. Fondamentaux à connaître sur le droit de grève

A. Rappels historiques essentiels

Jusqu'au XIXe siècle, la grève était interdite et constituait un délit pénalement sanctionné suite à l'abolition des corporations et de la promulgation sous la Révolution française de 1789 de la loi Le Chapelier du 14 juin 1791.

Ce n'est que le 25 mai 1864 qu'une loi, dite « Ollivier », a mis fin à cette pénalisation de la grève, sans toutefois lui donner sa pleine portée. En effet, la grève constituait toujours une rupture du contrat de travail et pouvait justifier un licenciement du salarié gréviste.

Le juge administratif a interdit purement et simplement la grève dans les services publics au début du XXe siècle (CE, 7 août 1909, *Winkell* ; CE, 22 oct. 1936, *Demoiselle Mimaire et autres*). Cette absence de reconnaissance du droit de grève aux agents publics justifiait même que les grévistes soient révoqués sans aucune garantie juridique, la grève étant assimilée, à l'époque, à un abandon de poste.

À la suite de la Libération en 1944 et en réaction contre tous les interdits imposés par l'occupation nazie et le régime de Vichy, la Constitution française de 1946 a autorisé la grève des fonctionnaires, à l'exception de certains agents d'autorité, « dans le cadre des lois qui le réglementent ». Ce cadre législatif tardant à arriver, le Conseil d'État a reconnu le droit de grève aux agents publics dans une décision d'Assemblée du 7 juillet 1950, en attribuant au gouvernement la compétence pour fixer les règles en la matière, lorsque la loi fait défaut. Toutefois, ce droit de grève aux agents publics s'exerce de façon réglementée en incluant un préavis de grève et un service minimum et sous le contrôle du juge administratif.

B. Définition du droit de grève et apports récents de la jurisprudence

La grève, en tant que liberté collective, est une cessation collective et concertée du travail destinée à appuyer des revendications professionnelles.

Le droit de grève est reconnu aux fonctionnaires et aux agents non titulaires par la loi n° 83-634 du 13 juillet 1983 portant droits et obligations des fonctionnaires, dite « loi Le Pors », à son article 10 qui prévoit que : « Les fonctionnaires exercent le droit de grève dans le cadre des lois qui le réglementent ».

Le Code du travail fixe l'exercice général du droit de grève à l'article L. 2511-1 et les dispositions particulières dans les services publics aux articles L. 2512-1 à L. 2512-5 du même code.

La CEDH a jugé qu'une interdiction de faire grève, applicable à des conducteurs de train, constitue une restriction disproportionnée de leurs droits et emporte violation de l'article 11 de la Convention relatif à la liberté d'association (CEDH, 20 nov. 2018, *O. c. Russie*, n° 44873/09).

Le Conseil d'État juge, de façon générale, qu'en l'absence de disposition législative applicable, il appartient aux chefs de service de réglementer le droit de grève des fonctionnaires et d'organiser la nécessaire conciliation entre ce droit et la continuité du service public (CE, ass., 7 juill. 1950, *D.*, n° 01645 ; CE, 6 juill. 2016, *Syndicat CGT des cadres et techniciens parisiens des services publics territoriaux et autres*, n° 390031).

Dans une décision d'Assemblée du 12 avril 2013, le Conseil d'État a jugé que l'exercice du droit de grève par les salariés des centrales nucléaires de production d'électricité peut être légalement restreint par les organes dirigeants d'Électricité de France (EDF). En l'absence de la « complète législation » réglementant le droit de grève, et dans la mesure où l'approvisionnement en électricité sur le territoire national constitue l'objet même du service public de l'électricité, la juridiction administrative a validé le principe de mesures de réquisitions des salariés grévistes par les organes dirigeants d'EDF, société de droit privé chargée du service public de l'électricité (CE, ass., 12 avr. 2013, *Fédération Force Ouvrière Énergie et mines et autres,* n° 329570, 329683, 330539 et 330847).

C. Interdictions et limitations à l'exercice du droit de grève pour certaines catégories d'agents publics

D'une part, certaines catégories de fonctionnaires n'ont pas le droit de faire grève, étant précisé que seule la loi peut leur interdire le droit de grève. Il s'agit des catégories suivantes : les personnels des services actifs de la police nationale (loi du 28 septembre 1948 ; loi n° 95-73 d'orientation et de programmation sur la sécurité du 21 janvier 1995), les membres des compagnies républicaines de sécurité (CRS) (loi n° 47-2384 du 27 décembre 1947, les magistrats judiciaires [ordonnance n° 58-1270 du 22 décembre 1958), les militaires (article L. 4121-4 du Code de la défense), les personnels des services extérieurs de l'administration pénitentiaire (ordonnance n° 58-696 du 6 août 1958) et les personnels des transmissions du ministère de l'Intérieur (loi n° 68-695 du 31 juillet 1968).

D'une part, certaines formes de grève sont interdites, à savoir la grève tournante (loi n° 63-777 du 31 juillet 1963 relative à certaines modalités de la grève dans les services publics), la cessation du travail par intermittence (ou roulement) en vue de ralentir le travail et désorganiser le service, la grève politique non justifiée par des motifs d'ordre professionnel ainsi que la grève sur le tas avec occupation et blocage des locaux de travail (CE, 11 févr. 1966, *Legrand,* n° 65509).

Enfin, Le Conseil d'État a jugé que l'exercice du droit de grève est interdit pour les greffiers en chef du fait du risque de compromettre l'action de la justice et de porter atteinte à l'ordre public (CE, 21 déc. 1977, *Syndicat national CFDT des Cours et tribunaux,* n° 04713).

II. Nécessaire conciliation du droit de grève avec le principe de continuité du service public

A. Deux libertés avec la même valeur constitutionnelle

Les principes du service public, théorisés par le Professeur Rolland dans les années 1920-1930, reposent sur des principes communs, à savoir le principe d'égalité, le principe de mutabilité et le principe de continuité du service public.

Le principe d'égalité découle du principe d'égalité devant la loi avec les articles 1er et 6 de la DDHC de 1789 et qu'il s'agit d'un PGD (CE, sect., 9 mars 1951, *Société des concerts du conservatoire*) et d'un principe à valeur constitutionnelle (Cons. const., déc. n° 79-107 DC du 12 juill. 1979, Ponts à péage).

Le principe de mutabilité, ou d'adaptation constante, du service public repose sur l'idée selon laquelle l'intérêt général est évolutif. Le principe a été posé par le Conseil d'État, le 10 janv. 1902, dans l'arrêt *Compagnie nouvelle du Gaz de Deville-lès Rouen*.

La continuité des services publics trouve son fondement dans l'article 5 de la Constitution française du 4 octobre 1958 posant le principe de continuité de l'État. Le principe de continuité du service public a une valeur constitutionnelle depuis 1979 (Cons. const., déc. n° 79-105 DC du 25 juillet 1979, *Droit de grève à la radio et à la télévision* [Loi modifiant les dispositions de la loi n° 74-696 du 7 août 1974 relatives à la continuité du service public de la radio et de la télévision en cas de cessation concertée du travail]) et le Conseil d'État en a fait un principe fondamental (CE, 13 juin 1980, *Mme B.*, n° 17995).

Le droit de grève étant inscrit dans le préambule de la Constitution du 27 octobre 1946 avec la formule : « Le droit de grève s'exerce dans le cadre des lois qui le réglementent », étant rappelé que le préambule de la Constitution de 1958 fait partie intégrante du bloc de constitutionnalité sous la Ve République, il confère ainsi au droit de grève une valeur constitutionnelle en faisant référence au préambule du texte constitutionnel de 1946 (Cons. const., déc. n° 71-44 DC du 16 juill. 1971, *Liberté d'association*).

Par conséquent, ayant la même valeur constitutionnelle, le droit de grève et la continuité du service public appellent une inévitable conciliation en cas de confrontation entre ceux-ci. Finalement, le droit de grève demeure pleinement et seul son exercice est progressivement aménagé dans le secteur public. Il est confronté à de nouvelles exigences et en particulier aux aspirations grandissantes des usagers, devenus « clients », qui réclament la continuité du service (cf. débat sur le travail dominical).

B. Extension légale du service minimum dans les services publics entre 2007 et 2012

En premier lieu, la continuité du service public dans les transports terrestres réguliers de voyageurs avec la loi n° 2007-1224 du 21 août 2007 portant sur le dialogue social et la continuité du service public dans les transports terrestres réguliers de voyageurs qui a institué des règles pour favoriser le dialogue social et permettre une meilleure organisation des services de transports publics terrestres en cas de grève sans mettre en place une véritable obligation de service minimum. Cette loi instaure l'obligation pour les salariés d'indiquer quarante-huit heures à l'avance qu'ils ont l'intention de faire grève pour permettre aux collectivités locales de réorganiser le service sur les dessertes les plus importantes, en substituant des non-grévistes aux grévistes. La mise en œuvre de l'obligation de service minimum aux heures de pointe est laissée aux accords entre syndicats et autorités organisatrices des transports. Le fret, la Poste et les transports publics non terrestres ne sont pas concernés.

En deuxième lieu, la loi n° 2008-790 du 20 août 2008 institue un droit d'accueil pour les élèves des écoles maternelles et élémentaires pendant le temps scolaire. Il s'agit d'assurer un équilibre entre l'exercice du droit de grève par le personnel de l'Éducation nationale et la garantie d'un service d'accueil effectif pour tous les enfants scolarisés à l'école primaire, permettant ainsi aux parents de poursuivre leur activité professionnelle les jours de grève. La loi contient deux dispositions principales, la première tend à organiser le service d'accueil des élèves en cas de grève, la seconde met en place un mécanisme de prévention des conflits et d'information préalable à la grève.

En troisième lieu, le service minimum dans les entreprises de transport aérien de passagers avec la loi n° 2012-375 du 19 mars 2012 relative à l'organisation du service et à l'information des passagers dans les entreprises de transport aérien de passagers et à diverses dispositions dans le domaine des transports qui prévoit notamment la possibilité de signer un accord-cadre dans les entreprises de transport aérien de passagers pour développer le dialogue social et prévenir les conflits, l'obligation pour les salariés de se déclarer grévistes auprès de leur employeur au plus tard quarante-huit heures avant le début des perturbations et l'obligation pour l'entreprise de transport aérien d'informer les passagers au minimum vingt-quatre heures avant le début des perturbations.

III. Évolutions récentes et en cours en matière de droit de grève des agents publics

A. Loi du 6 août 2019 de transformation de la fonction publique

L'article 56 de la loi n° 2019-828 du 6 août 2019 de transformation de la fonction publique a complété le droit en vigueur, s'agissant de la limitation du droit de grève dans la fonction publique territoriale, en complétant le chapitre Ier de la loi n° 84-53 du 26 janvier 1984 portant dispositions statutaires relatives à la fonction publique territoriale par un nouvel article 7-2.

En effet, la continuité de certains services territoriaux peut être assurée au moyen de négociations entre l'autorité territoriale et les organisations syndicales. Sont ainsi concernés les services publics locaux de collecte et de traitement des ordures ménagères, de transport, d'aide aux personnes âgées et handicapées, d'accueil des enfants de moins de trois ans (crèches municipales ou familiales), d'accueil périscolaire (centres aérés) et de restauration collective et scolaire, la protection des biens et des personnes, la gestion des équipements sportifs et la délivrance des titres d'état civil.

Une clause de sauvegarde a été introduite en cas d'échec de la négociation collective qui prévoit qu'à défaut de conclusion d'un accord dans un délai de douze mois, une délibération de l'organe délibérant détermine les services, les fonctions et le nombre d'agents indispensables afin de garantir la continuité du service public.

B. Proposition de loi en matière de service minimum dans les services publics du 2 décembre 2019 adoptée en première lecture par le Sénat le 4 février 2020

Une proposition de loi, en matière de service minimum dans les services publics, a été enregistrée à la présidence du Sénat, le 2 décembre 2019, tendant à assurer l'effectivité du droit au transport, à améliorer les droits des usagers et à répondre aux besoins essentiels du pays en cas de grève (texte nº 166 – 2019-2020).

Le texte déposé comprend huit articles qui visent notamment à prévoir l'application du service garanti aux transports maritimes réguliers publics de personnes pour la desserte des îles françaises, ce qui recouvre non seulement les îles métropolitaines, mais aussi d'outre-mer dans la mesure où le Code des transports y est applicable (art. 1er), à instaurer un service garanti afin que les besoins essentiels de la population soient assurés en cas de grève dans les transports publics réguliers de personnes (art. 3 et 4), à imposer à l'entreprise de transport d'informer l'autorité organisatrice de l'évolution des négociations et, s'il apparaît que la grève s'annonce inévitable, de lui indiquer, au moins vingt-quatre heures avant le terme du préavis, les mesures qu'elle envisage de prendre pour se conformer à ses obligations au titre du service garanti ainsi que les éventuelles difficultés qu'elle risque de rencontrer (art. 5), à améliorer les droits des usagers en cas d'annulation d'un voyage. Ainsi, en principe, serait interdit le remboursement d'un titre non utilisé sous la forme d'un avoir ou d'un échange (art. 6). Cette proposition de loi vise, enfin, à instaurer un service minimal garanti applicable aux services de transport aérien public à l'intérieur du territoire français (art. 8).

La proposition a été adoptée en première lecture, avec modifications, par le Sénat le 4 février 2020. Elle vise à établir le principe d'un service garanti en cas de grève dans les transports et prévoit la possibilité de réquisitionner des grévistes. Le dispositif prévoit qu'en cas de grève dans les entreprises de transport, l'autorité organisatrice de transport définit un niveau minimal de service correspondant, compte tenu des autres moyens de transport existant sur le territoire, à la couverture des besoins essentiels de la population. Elle fixe les fréquences et plages horaires correspondant à ce niveau de service. Lorsque le service minimal n'a pas été assuré pendant une durée de trois jours consécutifs, l'autorité organisatrice des transports enjoint l'entreprise de transports de requérir les personnels nécessaires pour assurer ce service. Les personnels requis sont informés au plus tard 24 heures avant leur prise de poste. En cas de refus, le salarié est passible d'une sanction disciplinaire. L'entreprise de transport est considérée comme directement responsable du défaut d'exécution si elle ne s'est pas conformée à l'injonction de l'autorité organisatrice de transports. Le service minimal concerne également les transports maritimes réguliers publics et aériens. Pour le transport aérien, le ministre chargé de l'aviation civile est tenu de prévoir d'une part les obligations de service normal et d'autre part le service minimal qui doit être garanti pour couvrir les besoins essentiels de la population. En cas de perturbations de trafic, les usagers qui ont pris leur billet par voie dématérialisée peuvent bénéficier d'un remboursement automatique dans les sept jours. Des amendements adoptés au Sénat en première lecture prévoient que les préavis de grève deviennent caducs s'ils ne sont suivis par aucun salarié pendant cinq jours et que les salariés font grève du début à la fin de leur service.

C. Situation d'un agent non-gréviste

Par une question écrite n° 16831, publiée dans le JO Sénat du 18 juin 2020, p. 2795, Mme Christine Herzog a attiré l'attention de la ministre du Travail sur le cas d'un agent non-gréviste qui ne peut pas accéder à son lieu de travail en y étant empêché par ses collègues grévistes. Elle se demande si, dans ce cas, la commune peut procéder à une retenue sur le traitement de l'agent non-gréviste. Par ailleurs, dans ce type de cas, elle lui demande quelles sont les obligations de l'agent non-gréviste auprès de la commune concernée.

Par une réponse, publiée dans le JO Sénat du 15 octobre 2020, p. 4735, le ministère de la transformation et de la fonction publiques précise qu'aux termes de l'article 87 de la loi n° 84-53 du 26 janvier 1984 portant dispositions statutaires relatives à la fonction publique territoriale, les agents territoriaux ont droit après service fait, à une rémunération fixée conformément aux dispositions de l'article 20 de la loi du 13 juillet 1983 portant droits et obligations des fonctionnaires. Il résulte de ces dispositions que l'autorité territoriale est tenue de suspendre jusqu'à la reprise effective de son service par l'intéressé, le versement du traitement d'un fonctionnaire qui, de son fait, n'accomplit pas son service. S'agissant de la situation d'un agent public non-gréviste qui ne peut matériellement pas accéder à son lieu de travail, il est de jurisprudence constante que l'intention de l'agent est déterminante dans l'application de la règle du paiement après service fait (CAA de Nantes, 19 juill. 2016, n° 14NT02034). Il appartient aux agents publics d'apporter la preuve, par tout moyen, de l'exercice effectif de leurs fonctions durant la grève (CE, 31 mai 1974, n° 90478). Ainsi, dès lors que l'impossibilité d'exécuter ses obligations de service ne peut être imputée à l'agent, aucune retenue sur traitement pour fait de grève ne peut être effectuée (TA de Nice, 28 mars 2008, n° 0403817). Le juge considère en effet qu'il revient à l'agent territorial, empêché d'accomplir son service en raison d'un mouvement social au sein de sa collectivité, d'apporter tous les éléments attestant de cette impossibilité et d'informer l'administration de son absence. À défaut, il y a lieu de considérer que l'agent s'est de son propre fait abstenu d'accomplir son service et l'autorité territoriale est tenue de procéder à une retenue sur traitement (CAA Paris, 6 nov. 2019, n° 17PA22592).

IV. Corpus juridique de référence

– Préambule de la Constitution du 27 octobre 1946, notamment art. 7 : Le droit de grève s'exerce dans le cadre des lois qui le réglementent

– Constitution du 4 octobre 1958, notamment art. 5

– Convention EDH du 4 novembre 1950

– Charte des droits fondamentaux de l'Union européenne du 7 décembre 2000, notamment art. 28

– CEDH, 20 nov. 2018, *O. c. Russie*, n° 44873/09

– Cons. const., 16 juill. 1971, n° 71-44 DC, Liberté d'association [Loi complétant les dispositions des art. 5 et 7 de la loi du 1er juillet 1901 relative au contrat d'association]

– Cons. const., 25 juill. 1979, n° 79-105 DC, Droit de grève à la radio et à la télévision [Loi modifiant les dispositions de la loi n° 74-696 du 7 août 1974 relatives à la continuité du service public de la radio et de la télévision en cas de cessation concertée du travail]

– Code du travail

– Loi n° 63-777 du 31 juillet 1963 relative à certaines modalités de la grève dans les services publics, désormais codifiée aux art. L. 2512-1 à L. 2512-5 du Code du travail

– Loi n° 83-634 du 13 juillet 1983 portant droits et obligations des fonctionnaires, dite « loi Le Pors », notamment art. 10

– Loi n° 2007-1224 du 21 août 2007 sur le dialogue social et la continuité du service public dans les transports terrestres réguliers de voyageurs

– Loi n° 2008-790 du 20 août 2008 instituant un droit d'accueil pour les élèves des écoles maternelles et élémentaires pendant le temps scolaire

– Loi n° 2012-375 du 19 mars 2012 relative à l'organisation du service et à l'information des passagers dans les entreprises de transport aérien de passagers et à diverses dispositions dans le domaine des transports

– Loi n° 2019-828 du 6 août 2019 de transformation de la fonction publique

– CE, 7 août 1909, *Winkell*, n° 37317 (Interdiction du droit de grève dans les services publics)

– CE, 22 oct. 1936, *Demoiselle Mimaire et autres* (Interdiction du droit de grève dans les services publics)

– CE, ass., 7 juill. 1950, *Dehaene*, n° 01645 (Réglementation du droit de grève dans les services publics : la grève des agents publics est en principe licite sous conditions d'un préavis de grève et de la mise en place d'un service minimum)

– CE, sect., 11 févr. 1966, *Legrand*, n° 65509 (Interdiction aux grévistes d'occuper les locaux dès qu'ils cessent le travail)

– CE, 31 mai 1974, *ministre de l'Éducation nationale c. Sieurs A. et autres*, n° 90478 (Un agent public peut apporter la preuve, par tout moyen, de l'exercice effectif de ses fonctions durant la grève)

– CE, 21 déc. 1977, *Syndicat national CFDT des Cours et tribunaux*, n° 04713 (Interdiction de l'exercice du droit de grève pour les greffiers en chef)

– CE, 13 juin 1980, *Mme B.*, n° 17995 (Retenue sur le traitement ou la rémunération des fonctionnaires et agents publics pour absence de service fait)

– CE, ass., 12 avr. 2013, *Fédération Force Ouvrière Énergie et mines et autres*, n° 329570, 329683, 330539 et 330847 (Une autorité administrative responsable du bon fonctionnement d'un service public est compétente pour réglementer le droit de grève dans les services publics, en l'absence de législation complète)

– CE, 6 juill. 2016, *Syndicat CGT des cadres et techniciens parisiens des services publics territoriaux et autres*, n° 390031

– CE, 22 mai 2017, *Commune de Sète*, n° 396453 (Un agent en grève a la possibilité de bénéficier de la protection fonctionnelle de l'art. 11 de la loi n° 83-634 du 13 juillet 1983)

V. Exemple de sujet avec son corrigé portant sur le droit de grève des agents publics

Sujet : Soutenez que l'exercice du droit de grève n'est pas libre pour les agents publics

Introduction

Accroche : La durée de la grève des agents publics portant sur la réforme des retraites, de décembre 2019 à février 2020, a relancé le débat sur l'exercice du droit de grève par les agents publics.

Historique : Jusqu'au XIXe siècle, la grève était interdite et constituait un délit pénalement sanctionné. Le 25 mai 1864, une loi dite « Ollivier » a mis fin à cette pénalisation de la grève. La Constitution de 1946 a autorisé la grève des fonctionnaires, à l'exception de certains agents d'autorité « dans le cadre des lois qui le réglementent ».

Définition : La grève, en tant que liberté collective, est une cessation collective et concertée du travail destinée à appuyer des revendications professionnelles. Le droit de grève est reconnu aux fonctionnaires et aux agents non titulaires par l'article 10 de la loi du 13 juillet 1983 portant droits et obligations des fonctionnaires qui prévoit que : « Les fonctionnaires exercent le droit de grève dans le cadre des lois qui le réglementent ».

Problématique : L'exercice du droit de grève par les agents publics n'est pas libre dès lors qu'il est, dans certains cas, interdit voire limité par le législateur et la jurisprudence.

Annonce du plan

I. Les interdictions et limitations légales à l'exercice du droit de grève pour certaines catégories d'agents publics

Annonce des deux sous-parties :

1.1. Les privations légales à l'exercice du droit de grève

Les démontrer en citant les lois qui interdisent le droit de grève à certaines catégories de fonctionnaires (cf. I. C *supra*).

1.2. L'extension légale du service minimum dans les services publics

L'établir en citant et en expliquant l'extension du service minimum dans les services publics par des dispositions législatives entre 2007 et 2012 (cf. II. B. *supra*) et la loi n° 2019-828 du 6 août 2019 de transformation de la fonction publique qui tend à garantir la continuité du service public dans la fonction publique territoriale (cf. III. A. *supra*).

Transition : Si le droit de grève se concilie avec le principe de continuité du service public dès lors qu'ils ont tous deux la même valeur constitutionnelle, son exercice est également limité par la jurisprudence.

II. Les limitations jurisprudentielles à l'exercice du droit de grève par les agents publics

Annonce des deux sous-parties :

2.1. Les limitations à l'exercice du droit de grève des agents publics par le Conseil constitutionnel

Les démontrer en citant la jurisprudence topique du Conseil constitutionnel (Cons. const., 25 juill. 1979, nº 79-105 DC, Droit de grève à la radio et à la télévision) (cf. II. A. *supra*).

2.2. Les limitations à l'exercice du droit de grève des agents publics par le Conseil d'État

Les établir en citant et en expliquant la décision d'Assemblée du Conseil d'État du 7 juillet 1950, Dehaene qui a reconnu un droit de grève aux agents publics qui s'exerce de façon réglementée avec un préavis de grève et un service minimum sous le contrôle du juge administratif (cf. I. A. *supra*).

Conclusion

Synthèse : Si le droit de grève constitue un droit fondamental, toutefois son exercice par les agents publics n'est pas libre dès lors qu'il peut être interdit ou limité par le législateur et la jurisprudence.

Ouverture possible : Une proposition de loi, en matière de service minimum dans les services publics, a été enregistrée à la présidence du Sénat, le 2 décembre 2019, tendant à assurer l'effectivité du droit au transport, à améliorer les droits des usagers et à répondre aux besoins essentiels du pays en cas de grève (cf. III. B. *supra*).

VI. Exemples de questions sur le thème de l'exercice du droit de grève des agents publics

– Le droit de grève et le principe de continuité du service public sont-ils compatibles ?

– Soutenez que si le droit de grève dans le service public est garanti en France aujourd'hui, que son exercice est progressivement limité par le principe de continuité du service public.

– Comment garantir la continuité du service public malgré le droit de grève ?

– Le droit de grève dans la fonction publique vous semble-t-il légitime ?

– Faut-il repenser le droit de grève dans les services publics ?

– L'exercice du droit de grève dans le secteur public est-il restreint en France ?

– Quelles modalités de contestation peuvent être mises en œuvre pour éviter de faire grève ?

– Un agent public peut-il être sanctionné en raison de l'exercice de son droit de grève ?

– Qu'est-ce que l'exercice régulier du droit de grève pour un agent public ?

– Peut-il y avoir une retenue sur la rémunération d'un agent public qui exerce son droit de grève, en l'absence de service fait ? Qu'est-ce que la règle du 1/30e indivisible ?

– Quel est le juge compétent pour annuler une sanction prise par un employeur à l'encontre d'un agent public dans le cadre de l'exercice de son droit de grève ?

– L'administration peut-elle prendre une sanction à l'encontre d'agents publics grévistes si ces derniers n'ont pas respecté un préavis d'une durée de cinq jours francs ?

– Quelles sont les catégories de personnels qui ont l'obligation d'assurer, même en période de grève, un service minimal ?

– Un préfet peut-il réquisitionner des agents publics en cas de grève portant gravement atteinte à la continuité du service public ou aux besoins de la population ?

– Un agent public non gréviste empêché de rejoindre son travail a-t-il droit à son traitement ?

– Quel était le motif de la grève des magistrats administratifs des 18, 19 et 20 mai 2021 ?

1er mai 2021 : Entrée en vigueur de la recodification du CESEDA

Ordonnance nº 2020-1733 du 16 décembre 2020 portant partie législative du Code de l'entrée et du séjour des étrangers et du droit d'asile

Le contenu du Code de l'entrée et du séjour des étrangers et du droit d'asile (CESEDA) était devenu moins lisible suite à la sédimentation des différents textes intervenus depuis lors, et notamment avec l'insertion de nouvelles dispositions législatives et réglementaires nationales ainsi que de l'introduction dans l'ordre juridique interne de normes issues du droit de l'Union européenne.

La loi nº 2018-778 du 10 septembre 2018 pour une immigration maîtrisée, un droit d'asile effectif et une intégration réussie a habilité le Gouvernement à procéder à une nouvelle rédaction de la partie législative du code qui a abouti à cette ordonnance du 16 décembre 2020, entrée en vigueur le 1er mai 2021.

I. Fondamentaux à connaître sur le droit des étrangers

A. Application de normes supranationales

Le droit des étrangers met en application plusieurs traités internationaux, des accords bilatéraux et des textes régissant l'espace européen.

En ce qui concerne les traités internationaux, le droit des étrangers français applique notamment la Convention de Genève relative aux réfugiés et la Convention de New York relative aux droits de l'enfant, ou Convention internationale des droits de l'enfant (CIDE), qui prévoit à son article 3 que dans toutes les décisions qui concernent les enfants, qu'elles soient le fait des institutions publiques ou privées de protection sociale, des tribunaux, des autorités administratives ou des organes législatifs, l'intérêt supérieur de l'enfant doit être une considération primordiale.

Une personne qui s'est vue reconnaître le statut de réfugié dans un État partie à la Convention de Genève peut, dans le cas où elle a été préalablement admise au séjour en France, déposer une demande tendant à ce que l'OFPRA exerce à son égard la protection qui s'attache au statut de réfugié et le Conseil d'État a jugé qu'une telle demande doit être présentée dans les formes et selon les règles procédurales applicables aux demandes d'asile (CE, 18 juin 2018, *M. K.*, n° 415335).

En ce qui concerne les accords bilatéraux, la France applique notamment l'accord franco-algérien du 27 décembre 1968 qui régit de manière complète les conditions dans lesquelles les ressortissants algériens peuvent être admis à séjourner en France ainsi que les règles concernant la nature des titres de séjour qui peuvent leur être délivrés et leur durée de validité (CE, 25 mai 1988, *ministre de l'Intérieur c. Z.*, n° 81420 ; CE, 30 juin 2016, *Mme B.*, n° 391489). L'accord franco-tunisien du 17 mars 1988 renvoie, sur tous les points qu'il ne traite pas, à la législation nationale, en particulier aux dispositions pertinentes du CESEDA pour autant qu'elles ne sont pas incompatibles avec les stipulations de l'accord ou qu'elles sont nécessaires à sa mise en œuvre (CE, CHR, 22 févr. 2017, *Mme B.*, n° 393100). La France applique également l'accord franco-marocain du 9 octobre 1987 (CE, SSR, 24 mai 2006, *Mme El K.*, n° 275087), ainsi que l'accord entre la France et le Cap-Vert du 24 novembre 2008 et de nombreux autres accords bilatéraux.

En ce qui concerne l'espace européen, la France applique également, l'ayant ratifiée, la Convention européenne de sauvegarde des droits de l'homme et des libertés fondamentales du 4 novembre 1950, et notamment son article 8 qui porte sur le droit au respect de la vie privée et familiale en prévoyant que toute personne a droit au respect de sa vie privée et familiale, de son domicile et de sa correspondance et qu'il ne peut y avoir ingérence d'une autorité publique dans l'exercice de ce droit que pour autant que cette ingérence est prévue par la loi et qu'elle constitue une mesure qui, dans une société démocratique, est nécessaire à la sécurité nationale, à la sûreté publique, au bien-être économique du pays, à la défense de l'ordre et à la prévention des infractions pénales, à la protection de la santé ou de la morale, ou à la protection des droits et libertés d'autrui.

La CEDH a validé l'expulsion dans son pays d'origine d'un ressortissant algérien condamné pour terrorisme en rejetant, le 29 avril 2019, le recours dirigé contre la France par ce ressortissant condamné pour terrorisme qui alléguait des risques de mauvais traitement en cas de renvoi en Algérie (CEDH, 29 avr. 2019, *A. M. c. France*, n° 12148/18).

Par une décision du 10 octobre 2019 portant sur un mineur migrant isolé, la CEDH a estimé que les autorités françaises ont pris les mesures qui s'imposaient dès la reconnaissance de la minorité du requérant en précisant que si la période au cours de laquelle ce dernier a été reconnu majeur a été difficile pour l'intéressé, elle ne constitue toutefois pas un traitement contraire à l'article 3 de la CEDH portant sur l'interdiction de la torture qui prescrit que : « Nul ne peut être soumis à la torture ni à des peines ou traitements inhumains ou dégradants » (CEDH, 10 oct. 2019, *M. D. c. France*, n° 50376/13).

La Commission européenne a présenté, le 23 septembre 2020, un « Pacte sur la migration et l'asile », qui est un projet de réforme de la politique migratoire européenne mise en place pour l'essentiel avant la crise de 2015. Il intervient après l'échec des négociations du « Paquet asile » initiées en 2016. Les propositions de la Commission s'articulent autour de trois principaux axes : le renforcement des frontières extérieures, un partage plus équitable des responsabilités et de la solidarité, et le renforcement de la coopération avec les pays tiers (cf. https://ec.europa.eu/commission/presscorner/detail/fr/ip_20_1706).

Par une décision du 22 octobre 2020 portant sur l'expulsion d'un imam prononcée sur la base de notes blanches, la CEDH a déclaré irrecevable la requête de ce dernier qui invoquait la protection au titre de l'article 8 de la Convention EDH (CEDH, 22 oct. 2020, *H. c. France*, n° 20871/15).

B. LE CESEDA

Le droit des étrangers a été codifié dans le CESEDA en 2006 puis recodifié en 2021 et comprend notamment les règles relatives à l'entrée sur le territoire français, avec un visa en particulier, et celles qui concernent le séjour régulier en France avec un titre de séjour.

La liberté d'aller et venir s'exerce, en ce qui concerne le franchissement des frontières, dans les limites découlant de la souveraineté de l'État et des accords internationaux et n'ouvre pas aux étrangers un droit général et absolu d'accès sur le territoire français (CE, 11 avr. 2018, *ministre d'État, ministre de l'Intérieur c. Mme K.*, n° 418027).

L'article L. 411-1 du CESEDA prévoit, sous réserve des engagements internationaux de la France ou du livre II du CESEDA, que tout étranger âgé de plus de dix-huit ans qui souhaite séjourner en France pour une durée supérieure à trois mois doit être titulaire de l'un des documents de séjour suivants : 1° Un visa de long séjour ; 2° Un visa de long séjour conférant à son titulaire, en application du second alinéa de l'article L. 312-2, les droits attachés à une carte de séjour temporaire ou à la carte de séjour pluriannuelle prévue aux articles L. 421-9 à L. 421-11 ou L. 421-13 à L. 421-24, ou aux articles L. 421-26 et L. 421-28 lorsque le séjour envisagé sur ce fondement est d'une durée inférieure ou égale à un an ; 3° Une carte de séjour temporaire ; 4° Une carte de séjour pluriannuelle ; 5° Une carte de résident ; 6° Une carte de résident portant la mention « résident de longue durée-UE » ; 7° Une carte de séjour portant la mention « retraité » ; 8° L'autorisation provisoire de séjour prévue aux articles L. 425-4, L. 425-10 ou L. 426-21.

Par une décision du 21 janvier 2021, le juge des référés du Conseil d'État a suspendu la décision du Gouvernement d'interrompre, en raison de l'épidémie de Covid-19, la délivrance de visas de regroupement familial aux conjoints et enfants d'étrangers non européens résidant en France, estimant que cette décision porte une atteinte disproportionnée au droit à la vie familiale normale et à l'intérêt supérieur de l'enfant.

Le CESEDA contient également toutes les mesures administratives qui peuvent être mises en œuvre par les autorités administratives en cas de non-respect de ces règles comme une décision de refus de titre de séjour et/ou une obligation de quitter le territoire français (OQTF) sans délai ou avec un délai. Ces dernières décisions peuvent être assorties d'autres décisions comme une décision d'interdiction de retour sur le territoire français (IRTF) pour une durée déterminée et une décision fixant un pays de renvoi. Il aborde également la possibilité de placement en rétention ou en assignation en résidence des étrangers ainsi que le droit d'asile.

C. Qualité de réfugié et attribution du droit d'asile par l'OFPRA

Le réfugié est celui qui entre dans le champ d'application de l'article 1 A de la Convention de Genève de juillet 1951 et non celui qui est titulaire d'un certificat délivré par l'Office français de protection des réfugiés et apatrides (OFPRA) qui est un établissement public doté d'une indépendance fonctionnelle, chargé de l'application des textes relatifs à la reconnaissance de la qualité de réfugié.

En application de l'article L. 531-1 du CESEDA, l'OFPRA, dont les missions, le statut et l'organisation sont définis notamment aux articles L. 121-7 à L. 121-16, statue sur les demandes d'asile dont il est saisi. Il n'est toutefois pas compétent pour connaître d'une demande dont l'examen relève de la compétence d'un autre État en application du règlement (UE) n° 604/2013 du Parlement européen et du Conseil, du 26 juin 2013, ou en application d'engagements identiques à ceux prévus par le même règlement avec d'autres États.

À noter que lorsqu'un étranger, présent sur le territoire français, demande à bénéficier de l'asile, l'enregistrement de sa demande relève de l'autorité administrative compétente, à savoir le préfet de département et, à Paris, le préfet de police, en vertu de l'article L. 521-1 du CESEDA, et non de l'OFPRA. Lorsque la demande d'asile est présentée par un étranger qui se trouve en France accompagné de ses enfants mineurs, elle est regardée comme présentée en son nom et en celui de ses enfants.

Le refus de prendre les mesures nécessaires au respect des délais d'enregistrement des demandes d'asile fixés à l'article L. 521-4 du CESEDA constitue une décision susceptible de faire l'objet d'un recours pour excès de pouvoir (CE, 28 déc. 2018, *Association La Cimade*, n° 410347).

Par une décision d'assemblée du 24 décembre 2019, le Conseil d'État a jugé qu'il résulte de l'article 1er de la Convention de New York du 28 septembre 1954 relative au statut des apatrides que cette convention n'est pas applicable à un réfugié palestinien tant qu'il bénéficie effectivement de l'assistance ou de la protection de l'Office de secours et de travaux des Nations unies pour les réfugiés de Palestine dans le Proche-Orient (UNWRA). Dès lors qu'il a perdu le bénéfice effectif d'une telle assistance ou protection et qu'aucun État ne le reconnaît comme l'un de ses ressortissants par application de sa législation, un réfugié palestinien bénéficie, sous réserve des autres clauses d'exclusion prévues à l'article 1er, du régime de la Convention du 28 septembre 1954 et peut solliciter, sur le fondement des dispositions de l'article L. 812-1 du CESEDA, l'octroi du statut d'apatride. Un réfugié palestinien qui se trouve en dehors de la zone d'activité de l'UNWRA ne bénéficie plus effectivement de la protection ou de l'assistance de cet office dans les cas suivants : le premier cas correspond à l'hypothèse où une menace grave pour sa sécurité a contraint un réfugié palestinien à quitter l'État ou le territoire situé dans la zone d'intervention de l'UNWRA dans lequel il avait sa résidence habituelle et fait obstacle à ce qu'il y retourne ; le deuxième cas correspond à l'hypothèse dans laquelle une telle menace, apparue après le départ de l'intéressé, fait pareillement obstacle à son retour sur place ; le troisième cas correspond à l'hypothèse où, pour des motifs indépendants de sa volonté, étrangers à l'existence d'une menace pour sa sécurité, un réfugié palestinien se trouve dans l'impossibilité de regagner l'État ou le territoire dans lequel il avait sa résidence habituelle. En outre et eu égard aux exigences attachées au respect de l'article 8 de la Convention européenne de sauvegarde des droits de l'homme et des libertés fondamentales qui protège les personnes dépourvues de nationalité des atteintes excessives au droit au respect de la vie privée, doit également être regardé comme ne bénéficiant plus effectivement de l'assistance ou de la protection apportée par l'UNWRA dans sa zone d'intervention un réfugié palestinien qui possède en France des liens familiaux ou des liens personnels, compte tenu notamment de la durée de sa résidence sur le territoire, tels que le centre de ses intérêts se trouve désormais en France où il est dès lors fondé, à la condition qu'aucun État ne le reconnaisse comme l'un de ses ressortissants par application de sa législation, et sous réserve des autres clauses d'exclusion prévues par la Convention du

28 septembre 1954, à demander que lui soit octroyé le statut d'apatride sur le fondement de l'article L. 812-1 du CESEDA afin de bénéficier de la protection juridique à laquelle il a droit à ce titre (CE, ass., 24 déc. 2019, *OFPRA*, n° 427017).

En cas de refus d'octroi de la protection conventionnelle ou de la protection subsidiaire, le demandeur peut former un recours contre la décision de l'OFPRA devant la Cour nationale du droit d'asile (CNDA).

Par une décision du 2 juillet 2021, le Conseil d'État a annulé la délibération du conseil d'administration de l'OFPRA du 5 novembre 2019, en tant qu'elle a maintenu sur la liste des pays d'origine sûrs les Républiques du Bénin, du Sénégal et du Ghana, en jugeant que l'office ne pouvait légalement se borner à prévoir le réexamen de l'inscription de ce pays à l'issue d'une période de six mois, sans en tirer immédiatement de conséquence, c'est-à-dire sans procéder à un retrait pur et simple. Concernant le Sénégal et le Ghana, le Conseil d'État a jugé que compte tenu de l'existence de dispositions législatives pénalisant les relations homosexuelles et de la persistance de comportements, encouragés, favorisés ou simplement tolérés par les autorités de ces pays, conduisant à ce que des personnes puissent effectivement craindre d'y être exposées à des risques de persécutions ou de traitements inhumains et dégradants, l'OFPRA ne pouvait, sans commettre d'erreur d'appréciation, tenir ces États pour des pays d'origine sûrs dans l'examen des demandes présentées par leurs ressortissants. La décision a pour effet immédiat de soustraire les demandeurs d'asile originaires de ces trois pays à la procédure accélérée applicable aux ressortissants des États inscrits sur la liste des pays d'origine sûrs. De ce fait, les requérants béninois, sénégalais et ghanéens sont désormais entendus à la CNDA non plus par un juge unique mais en audience collégiale, à moins d'avoir été placés en procédure accélérée pour d'autres motifs, conformément, notamment, aux dispositions des articles L. 531-24, L. 531-26 et L. 531-27 du CESEDA (CE, 2 juill. 2021, *Association des avocats ELENA France et autres*, n° 437141, 437142, 437365).

D. CNDA

En vertu des articles L. 532-1 et suivants du CESEDA, la CNDA est une juridiction administrative spécialisée qui est compétente pour statuer sur les décisions de l'OFPRA prises en application des articles L. 511-1 à L. 511-8, L. 512-1 à L. 512-3, L. 513-1 à L. 513-5, L. 531-1 à L. 531-35, L. 531-41 et L. 531-42 du CESEDA. Ces recours doivent être exercés, à peine d'irrecevabilité, dans le délai d'un mois à compter de la notification de la décision de l'office.

Saisie d'un recours contre une décision de l'OFPRA, la CNDA statue, en qualité de juge de plein contentieux, sur le droit du requérant à une protection au titre de l'asile au vu des circonstances de fait dont elle a connaissance au moment où elle se prononce.

En vertu de l'article L. 572-1 du CESEDA, la décision de transfert dont fait l'objet un ressortissant de pays tiers ou un apatride qui a déposé auprès des autorités françaises une demande d'asile dont l'examen relève d'un autre État membre ayant accepté de le prendre ou de le reprendre en charge doit être motivée, c'est-à-dire qu'elle doit comporter l'énoncé des considérations de droit et de fait qui en constituent le fondement (CE, avis, 7 déc. 2018, *Préfet de la Seine-Saint-Denis*, n° 420900).

Un recours contre la décision de transfert d'un demandeur d'asile vers l'État membre responsable a pour effet d'interrompre le délai de six mois fixé par le règlement « Dublin III », qui court à compter de l'acceptation du transfert par l'État requis. Ce délai recommence à courir intégralement à compter de la date à laquelle le tribunal administratif statue au principal (CE, avis, 24 sept. 2018, *Mme K. et M. T.*, n° 420708).

L'article L. 531-42 du CESEDA subordonne la recevabilité d'une demande de réexamen d'une demande d'asile, d'une part, à la présentation de faits nouveaux intervenus ou révélés postérieurement au rejet de la demande antérieure ou d'éléments de preuve nouveaux et, d'autre part, au constat que leur valeur probante est de nature à modifier l'appréciation du bien-fondé de la demande de protection au regard de la situation personnelle du demandeur et de la situation de son pays d'origine (CE, 26 janv. 2018, *M. et Mme M.*, n° 397611).

Dans une décision du 12 janvier 2021, le Conseil d'État a constaté que l'apologie publique d'actes de terrorisme, définie par l'article 421-2-5 du Code pénal, n'est pas un crime, mais un délit, que ce délit n'est pas puni de dix ans d'emprisonnement et que la loi pénale ne le qualifie pas d'acte de terrorisme. Cette lecture de la loi correspond à celle qu'a adoptée le Conseil constitutionnel dans sa décision du 18 mai 2018 relative à l'apologie du terrorisme. En l'état de la loi, une condamnation pour apologie du terrorisme ne peut donc justifier le retrait du statut de réfugié s'agissant précisément d'une révocation du statut de réfugié d'un ressortissant russe d'origine tchétchène condamné pour apologie du terrorisme.

E. Assignation à résidence et placement en rétention des ressortissants étrangers

L'autorité administrative peut placer en rétention dans des locaux ne relevant pas de l'administration pénitentiaire, sous certaines conditions, en vertu des articles L. 741-1 à L. 741-5 du CESEDA, ou assigner à résidence, en application des articles L. 744-1 à L. 744-3 du même code, un ressortissant étranger.

Le Conseil d'État a jugé que le placement en rétention d'un demandeur d'asile pour lequel a été engagée une procédure aux fins de remise à l'État responsable de la demande d'asile n'est pas, en l'état du droit, légalement possible au regard des exigences attachées au règlement Dublin III, telles qu'interprétées par la CJUE (CE, 5 mars 2018, *La Cimade*, n° 405474).

Il a également jugé qu'une assignation à résidence ordonnée sur le fondement d'une décision de transfert dont la durée, à la date où elle est édictée, excède le terme du délai dans lequel le transfert doit intervenir, est illégale dans cette mesure en précisant que l'interruption du délai d'exécution du transfert postérieurement à l'édiction de l'assignation peut régulariser la décision d'assignation en tant qu'elle avait été prise pour une durée excessive (CE, avis, 26 juill. 2018, *Mme V.*, n° 417441).

Par une décision du 20 mars 2019, le Conseil d'État a jugé que l'assignation à résidence d'un demandeur d'asile en procédure « Dublin » figure bien au nombre des missions pouvant être confiées aux préfets par le ministre de l'Intérieur. En l'espèce, par huit arrêtés, en date des 2 octobre, 25 octobre et 12 décembre 2018 dont l'association La Cimade a demandé l'annulation, le ministre de l'Intérieur avait désigné les préfets du Maine-et-Loire, d'Ille-et-Vilaine, du Bas-Rhin, de la Gironde, de la Seine-Maritime, du Loiret, de la Haute-Garonne et du Rhône comme l'autorité compétente dans le ressort de leurs régions respectives pour ordonner des assignations à résidence. Autrement dit, le Conseil d'État a validé la « régionalisation » des procédures « Dublin » (CE, 20 mars 2019, *La Cimade*, n° 425826, n° 425827, n° 425828, n° 425829, n° 425830, n° 425831, n° 425846, n° 426490). Par une décision du 11 décembre 2020, n° 438833, le Conseil d'État a jugé que les modalités fixées par un arrêté d'assignation à résidence sont divisibles de la décision elle-même et n'ont aucune influence sur sa légalité.

Enfin, dans une affaire qui concernait le placement en rétention administrative durant onze jours d'une ressortissante malienne et de sa fille, alors âgée de quatre mois, en vue de leur transfert en Italie, pays responsable de l'examen de la demande d'asile, la CEDH a conclu à la violation des articles 3 (interdiction des traitements inhumains et dégradants), 5 § 1 (droit à la liberté et à la sûreté), et 5 § 4 (droit de faire statuer à bref délai sur la légalité de la détention) de la Convention EDH (CEDH, 22 juill. 2021, n° 57035/18, *MD et AC c. France*).

II. Corpus juridique de référence

– DDHC de 1789, notamment art. 12

– Convention de Genève du 28 juillet 1951 relative au statut des réfugiés qui a été ratifiée par 145 États parties, dont l'État français, et qui est entrée en vigueur le 22 avril 1954, qui définit le terme « réfugié » et énonce les droits des personnes déracinées ainsi que les obligations juridiques des États pour assurer leur protection

– Convention de New York relative aux droits de l'enfant du 26 janvier 1990

– Convention EDH du 4 novembre 1950

– Charte des droits fondamentaux de l'Union européenne du 7 décembre 2000

– Accord franco-algérien du 22 décembre 1968

– Accord franco-marocain du 9 octobre 1987

– Accord franco-tunisien du 17 mars 1988

– Règlement (UE) n° 604/2013 du 26 juin 2013 (dit Dublin III)

– Directive 2013/32/UE du Parlement européen et du Conseil du 26 juin 2013 relative à des procédures communes pour l'octroi et le retrait de la protection internationale

– Directive 2013/33/UE du Parlement européen et du Conseil du 26 juin 2013 établissant des normes pour l'accueil des personnes demandant la protection internationale

– CJUE, Gde ch., arrêt du 15 avril 2021, *H.A. c. État belge*, C-194/19 (Le juge national doit tenir des circonstances postérieures à l'adoption)

– CEDH, 29 avr. 2019, *A. M. c. France*, n° 12148/18 (La CEDH juge que le renvoi en Algérie d'une personne condamnée pour terrorisme ne constitue pas un traitement inhumain et dégradant)

– CEDH, 10 oct. 2019, *M. D. c. France*, n° 50376/13 (La CEDH juge que les autorités françaises n'ont pas imposé un traitement inhumain ou dégradant à un migrant qui se présentait comme mineur isolé)

– CEDH, Gde ch., 21 novembre 2019, *Ilias et Ahmed c. Hongrie*, n° 47297/15 (La CEDH juge que l'expulsion vers un pays tiers présumé sûr implique de contrôler l'accès à une procédure d'asile adéquate dans ce pays au regard du risque de refoulement vers le pays d'origine sans examen de l'article 3 de la Convention et en précise les conditions d'appréciation)

– CEDH, 14 mai 2020, *H. c. France*, n° 24720/13 (Dans une affaire relative à l'expulsion des ressortissants roumains de leur campement en région parisienne, la CEDH juge que les autorités françaises ont violé la Convention, et notamment ses art. 8 et 13 pour ne pas avoir correctement pris en compte les conséquences de l'expulsion d'un campement de Roms, ni la situation particulière des requérants)

– CEDH, 2 juill. 2020, *N. H. et autres c. France*, n° 28820/13, 75547/13 et 13114/15 (La CEDH condamne la France pour violation de l'art. 3 de la Convention EDH, en ce que les autorités françaises ont laissé durant des mois des demandeurs d'asile sans ressources et sans hébergement)

– CEDH, 22 oct. 2020, *H. c. France*, n° 20871/15 (Expulsion d'un imam prononcée sur la base de notes blanches)

– CEDH, 22 juill. 2021, M. D. et *A. C. c. France*, n° 57035/18 (Violation de la Convention EDH pour la rétention administrative d'une mère et de son enfant mineur)

– Cons. const., 25 oct. 2019, n° 2019-810 QPC, *Société Air France* (Responsabilité du transporteur aérien en cas de débarquement d'un étranger dépourvu des titres nécessaires à l'entrée sur le territoire national)

– CESEDA

– CJA

– Loi n° 2015-925 du 29 juillet 2015 relative à la réforme du droit d'asile

– Loi n° 2016-274 du 7 mars 2016 relative au droit des étrangers en France

– Loi n° 2018-778 du 10 septembre 2018 pour une immigration maîtrisée, un droit d'asile effectif et une intégration réussie

– Loi n° 2020-734 du 17 juin 2020 relative à diverses dispositions liées à la crise sanitaire, à d'autres mesures urgentes ainsi qu'au retrait du Royaume-Uni de l'Union européenne

– Loi n° 2020-936 du 30 juillet 2020 visant à protéger les victimes de violences conjugales (chapitre XI : Dispositions relatives aux étrangers victimes de violences familiales ou conjugales)

– Loi n° 2020-1525 du 7 décembre 2020 d'accélération et de simplification de l'action publique

– Ordonnance n° 2020-328 du 25 mars 2020 portant prolongation de la durée de validité des documents de séjour

– Ordonnance n° 2020-1733 du 16 décembre 2020 portant partie législative du CESEDA

– CE, ass., 24 déc. 2019, *OFPRA*, n° 427017 (Le Conseil d'État précise les conditions d'admission au statut d'apatride des réfugiés palestiniens)

– CE, 1er juill. 2020, *ministre de l'Intérieur c. M. El A.*, n° 425972 (Un étranger résidant habituellement en France avant sa majorité doit demander un titre de séjour dans les deux mois qui suivent sa majorité, à défaut, il s'expose à une OQTF fondée sur le 2° du I de l'art. L. 511-1 du CESEDA)

– CE, 8 juill. 2020, *ministre de l'Intérieur c. M. A.*, n° 421570 (La suspension par le JAP d'une interdiction de territoire français fait obstacle à ce que l'intéressé puisse être assigné à résidence en application de l'art. L. 561-1 du CESEDA)

– CE, juge des référés, 25 sept. 2020, *Association Secours Catholique Caritas France et autres*, n° 444793 (Confirmation du refus du juge du référé-liberté du TA de Lille de suspendre, en urgence, l'arrêté du préfet du Pas-de-Calais interdisant la distribution gratuite de repas aux migrants en certains lieux du centre-ville de Calais)

– CE, 11 déc. 2020, *ministre de l'Intérieur c. M. et Mme H.*, n° 438833

– CE, CHR, 12 janv. 2021, *M. C.*, n° 431239 (Refus du retrait du statut de réfugié d'un ressortissant russe d'origine tchétchène condamné pour apologie d'un acte de terrorisme)

– CE, juge des référés, 21 janv. 2021, *La Cimade...*, n° 447878, 447893 (suspension de l'interruption de la délivrance des visas de regroupement familial décidée par le Gouvernement)

– CE, CHR, 2 juill. 2021, *Association des avocats ELENA France et autres*, n° 437141, 437142, 437365

– Cass. 1re civ., 30 sept. 2020, n° 19-19028 (Revirement de jurisprudence : la possession d'état de Français peut être revendiquée après qu'un jugement a conclu à l'extranéité, dès lors qu'elle est déclarée dans un délai raisonnable)

– Cass. 1re civ., 14 oct. 2020, n° 19-19234 (Le juge doit toujours être en mesure de vérifier si les fonctionnaires ayant consulté les fichiers automatisés d'empreintes digitales y étaient habilités)

III. Exemple de sujet avec son corrigé portant sur le droit des étrangers

Sujet : La procédure de « transfert Dublin »

Introduction

Accroche : La Grande Chambre de la Cour de Justice de l'Union européenne (CJUE) s'est de nouveau prononcée sur le droit au recours effectif au sens du Règlement Dublin (CJUE, Gde ch., arrêt du 15 avril 2021, *H. A. c. État belge*, C-194/19).

Historique : Le règlement (UE) n° 604/2013 du Parlement européen et du Conseil dit règlement Dublin III, du règlement (UE) n° 603/2013 du Parlement européen et du Conseil, dit règlement Eurodac, de la directive n° 2013/33/UE dite « Accueil » et de la directive n° 2013/32/UE dite « Procédures », régissent les conditions d'accueil et d'hébergement des demandeurs d'asile en Union européenne, ainsi que les procédures selon lesquelles les États membres statuent sur leurs demandes de protection internationale.

Définition : Les règlements Dublin III et Eurodac, composent l'outil juridique permettant de s'assurer qu'une demande d'asile en zone Schengen, sera examinée par un seul État membre, chargé d'en mener l'instruction jusqu'à son terme, à savoir, la décision d'accorder ou de refuser la protection internationale.

Problématique : Tout l'enjeu de la mise en œuvre d'une mesure de « transfert Dublin » est de s'assurer de l'unicité du traitement de la demande d'asile d'un ressortissant d'un pays tiers, afin de prévenir toute stratégie consistant à déposer plusieurs demandes d'asile dans plusieurs pays de l'Union.

Annonce du plan

I. Le transfert Dublin concourt à la mise en œuvre harmonieuse du droit d'asile en Union européenne

Annonce des deux sous-parties :

1.1. L'objectif de l'examen de la demande d'asile par un seul État membre

1.2. Une procédure juridique et opérationnelle sophistiquée, ayant vocation à être appliquée uniformément dans l'Espace Schengen

Transition : La procédure de transfert Dublin est complexe à mettre en œuvre en raison des pratiques différenciées des États membres concernés par l'application des règlements Dublin et Eurodac.

II. Une procédure dont la mise en œuvre est menacée par sa complexité et par les stratégies non coopératives de certains États membres

Annonce des deux sous-parties :

2.1. La procédure du transfert Dublin, qui passe par la détermination de l'État membre responsable, est compliquée à mettre en œuvre

2.2. Les demandeurs d'asile sont traités de façon très différente par les États membres de l'UE

Conclusion

Synthèse : Si la procédure de transfert Dublin concourt directement à la mise en œuvre effective du droit d'asile dans l'UE, toutefois elle reste complexe et parfois limitée par des stratégies non coopératives de certains États de l'Union européenne.

Ouverture possible : Par un arrêt du 28 mai 2021, le Conseil d'État a jugé qu'un demandeur d'asile peut être transféré contre son gré de la France vers un autre État membre de l'UE, en l'occurrence vers l'État « responsable », à savoir le premier dans lequel il a déposé une demande d'asile, et même s'il craint que cet État ne le renvoie dans son pays d'origine.

IV. Exemples de questions sur le thème du droit des étrangers

– Quels sont les apports de la loi du 7 décembre 2020 d'accélération et de simplification de l'action publique pour améliorer la procédure de délivrance des titres de séjour aux ressortissants étrangers ?

– Que pensez-vous d'une dématérialisation complète des demandes de titre de séjour des ressortissants étrangers ?

– Le Covid-19 a-t-il eu un impact sur la durée des titres de séjour des ressortissants étrangers ?

– Pourquoi le Code de l'entrée et du séjour des étrangers et du droit d'asile a-t-il été recodifié ?

– Faut-il rapatrier les ressortissants français détenus en Syrie ? Si oui, pourquoi ?

– Un ressortissant étranger peut-il être interdit d'entrée sur le territoire Français ?

– En quoi consiste la procédure de regroupement familial pour un ressortissant étranger non européen ?

– Qu'est-ce qu'un centre de rétention administrative (CRA) ?

– Quelle différence faites-vous entre « détention » et « rétention » ?

– La France a-t-elle déjà été condamnée par la CEDH pour violation de la Convention EDH pour rétention administrative d'une mère et de son enfant mineur ? Si, oui, quels sont les articles de la Convention EDH qui ont été violés ?

– De quelles protections bénéficient les apatrides ?

– Le Défenseur des droits a-t-il un rôle à jouer en matière de discriminations fondées sur la nationalité ?

– Comment obtenir un titre de séjour ?

– Comment obtenir le statut de « réfugié » ?

– Qui peut retirer le statut de « réfugié » ?

20 et 27 juin 2021 : Élections départementales et régionales

En raison des risques sanitaires liés à l'épidémie de Covid-19, les élections départementales et régionales et des assemblées de Corse, de Guyane et de Martinique ont été reportées aux 20 et 27 juin 2021.

Initialement prévues en mars 2021, les élections départementales et régionales et des assemblées de Corse, de Guyane et de Martinique avaient été reportées au 13 et 20 juin 2021. Après un avis du conseil scientifique sur les risques liés à l'organisation des élections et une consultation des maires, le scrutin a été maintenu en juin mais repoussé d'une semaine.

La campagne électorale a été ouverte le 31 mai 2021 à 0 heure et a pris fin le 18 juin 2021, à minuit. En cas de second tour, la campagne a été ouverte le 21 juin à midi et s'est terminée le 26 juin 2021 à minuit.

I. Le report des élections régionales, départementales et municipales

En ce qui concerne le mode scrutin, les conseillers régionaux sont élus dans le cadre de la région, les conseillers départementaux sont élus dans le cadre du canton. Les conseillers départementaux et régionaux sont élus pour une durée de six ans. Pour chaque canton, un binôme femme-homme est élu au scrutin majoritaire à deux tours. Les conseillers régionaux sont élus au scrutin de liste selon un système mixte combinant les règles des scrutins majoritaire et proportionnel. Certaines collectivités territoriales à statut particulier ne sont pas concernées par les élections départementales et régionales.

A. Loi n° 2021-191 du 22 février 2021 portant report, de mars à juin 2021, du renouvellement général des conseils départementaux, des conseils régionaux et des assemblées de Corse, de Guyane et de Martinique

Le Conseil constitutionnel n'a pas été saisi d'un contrôle de conformité de cette loi du 22 février 2021 à la Constitution dont le texte reprend les principales préconisations du rapport remis au Premier ministre par Jean-Louis Debré, le 13 novembre 2020.

Le report des élections régionales et départementales a notamment eu pour conséquence de prolonger les mandats en cours. Ce report a concerné la totalité des élections, soit les deux tours, alors que pour les élections municipales de juin 2020 seul le second tour avait été reporté, ce qui avait encore plus compliqué la mise en œuvre juridique et pratique.

B. Le Conseil constitutionnel valide le report du second tour des élections municipales au 28 juin 2020

Le Conseil constitutionnel a été saisi, le 26 mai 2020, par le Conseil d'État d'une QPC relative à la conformité aux droits et libertés que la Constitution garantit des paragraphes I, III et IV de l'article 19 de la loi n° 2020-290 du 23 mars 2020 d'urgence pour faire face à l'épidémie de Covid-19.

En raison des circonstances exceptionnelles liées à l'épidémie de Covid-19, ces dispositions ont suspendu les opérations électorales postérieurement à la tenue du premier tour des élections municipales intervenu le dimanche 15 mars 2020 et ont reporté l'organisation du second tour, initialement fixé au 22 mars 2020, au plus tard en juin 2020, à condition que la situation sanitaire permette l'organisation des opérations électorales.

Il est reproché à ces dispositions, d'une part, d'avoir pour effet de valider les résultats du premier tour des élections municipales, sans égard pour les contestations en cours devant le juge de l'élection, en violation de la séparation des pouvoirs et de la garantie des droits et, d'autre part, de méconnaître les principes de sincérité du scrutin et d'égalité devant le suffrage.

Le troisième alinéa de l'article 3 de la Constitution prévoit que le suffrage est toujours universel, égal et secret. Il en résulte le principe de sincérité du scrutin. L'article 6 de la DDHC de 1789 dispose que « la loi doit être la même pour tous, soit qu'elle protège, soit qu'elle punisse ». Il résulte de cette disposition et du troisième alinéa de l'article 3 de la Constitution le principe de l'égalité devant le suffrage.

Au regard de ces exigences constitutionnelles, le Conseil constitutionnel a jugé que, si les dispositions contestées remettent en cause l'unité de déroulement des opérations électorales, elles permettent, contrairement à une annulation du premier tour, de préserver l'expression du suffrage lors de celui-ci et que, toutefois, le législateur ne saurait, sans méconnaître les exigences résultant de l'article 3 de la Constitution, autoriser une telle modification du déroulement des opérations électorales qu'à la condition qu'elle soit justifiée par un motif impérieux d'intérêt général et que, par les modalités qu'il a retenues, il n'en résulte pas une méconnaissance du droit de suffrage, du principe de sincérité du scrutin ou de l'égalité devant le suffrage. Partant de cette analyse, il a relevé que, en les adoptant alors que le choix avait été fait, avant qu'il n'intervienne, de maintenir le premier tour de scrutin, le législateur a entendu éviter que la tenue du deuxième tour de scrutin initialement prévu le 22 mars 2020 et la campagne électorale qui devait le précéder ne contribuent à la propagation de l'épidémie de Covid-19, dans un contexte sanitaire ayant donné lieu à des mesures de confinement de la population. Il a ainsi jugé que les dispositions contestées étaient justifiées par un motif impérieux d'intérêt général.

Le Conseil constitutionnel a, ensuite jugé, que le report du second tour des élections municipales, au plus tard en juin 2020, ne méconnaissait ni le droit de suffrage, ni le principe de sincérité du scrutin, ni celui d'égalité devant le suffrage en fondant sa décision sur les motifs suivants :

– Le législateur a prévu que le second tour des élections municipales aurait lieu au plus tard au mois de juin 2020 et le délai maximal ainsi fixé pour la tenue du second tour était, lors de son adoption, adapté à la gravité de la situation sanitaire et à l'incertitude entourant l'évolution de l'épidémie.

– Le législateur a imposé au pouvoir réglementaire de fixer la date de ce second tour, par décret en Conseil des ministres pris le 27 mai 2020 au plus tard, en subordonnant cette fixation à la condition que la situation sanitaire le permette, compte tenu notamment de l'analyse du comité de scientifiques prévu à l'article L. 3131-19 du CSP.

– Les dispositions contestées ne favorisent pas par elles-mêmes l'abstention et il appartiendra, le cas échéant, au juge de l'élection, saisi d'un tel grief, d'apprécier si le niveau de l'abstention a pu ou non altérer, dans les circonstances de l'espèce, la sincérité du scrutin.

– Plusieurs mesures d'adaptation du droit électoral contribuent à assurer, malgré le délai séparant les deux tours de scrutin, la continuité des opérations électorales, l'égalité entre les candidats au cours de la campagne et la sincérité du scrutin, à savoir l'ordonnance n° 2020-390 du 1er avril 2020 dispose que, sauf exceptions, le second tour du scrutin initialement fixé au 22 mars 2020 aura lieu à partir des listes électorales et des listes électorales complémentaires établies pour le premier tour en préservant ainsi l'unité du corps électoral entre les deux tours et les 6° et 7° du paragraphe XII de l'article 19 de la loi du 23 mars 2020 qui permettent, par dérogation au Code électoral, de majorer par décret les plafonds de dépenses électorales applicables et d'obtenir le remboursement d'une partie des dépenses de propagande ayant été engagées pour le second tour initialement prévu le 22 mars 2020, ces dispositions concourant à garantir le respect de l'égalité entre les candidats au cours de la campagne électorale.

Le Conseil constitutionnel a, enfin, relevé que ni le report du second tour au plus tard en juin 2020 ni l'éventuelle organisation de deux nouveaux tours de scrutin après cette date n'ont de conséquence sur l'élection régulière des conseillers municipaux élus dès le premier tour organisé le 15 mars 2020, qui reste acquise et peut être contestée devant le juge de l'élection.

II. Fondamentaux à connaître sur le juge électoral

La Constitution de 1958 disposant que le Conseil constitutionnel veille à la régularité de l'élection du président de la République (art. 58), statue sur la régularité de l'élection des députés et sénateurs (art. 59) et veille à la régularité des opérations de référendums (art. 60), les autres scrutins, y compris les référendums locaux, relèvent de la juridiction administrative.

Le droit de vote est un fondement de notre démocratie et il revient aux juges de veiller à la bonne application des règles qui l'encadrent.

A. Le juge administratif comme juge des élections régionales et départementales

Dans le cadre des pouvoirs spécieux du juge électoral, le Conseil d'État a jugé, par une décision n° 76992 du 16 janvier 1987, Élections à l'Assemblée de Corse, que les circonstances dans lesquelles se sont déroulées les opérations électorales à Bastia, à l'occasion des élections régionales, ayant révélé l'existence de manœuvres frauduleuses, il y a lieu pour le Conseil d'État de décider que la présidence de chacun des bureaux de vote de la ville de Bastia sera assurée par une personne désignée par le président du tribunal de grande instance lors des élections consécutives à l'annulation prononcée.

Par une décision d'assemblée du 4 juillet 2011, n° 338033, 338199, Élections régionales d'Île-de-France (...), le Conseil d'État a jugé que l'inéligibilité prévue par les dispositions de l'article L. 118-3 du Code électoral constitue une sanction ayant le caractère d'une punition. Il incombe au juge de l'élection, lorsqu'il est saisi de conclusions tendant à ce qu'un candidat dont le compte de campagne est rejeté soit déclaré inéligible et à ce que son élection soit annulée, de faire application, le cas échéant, d'une loi nouvelle plus douce entrée en vigueur entre la date des faits litigieux et celle à laquelle il statue. Par la loi n° 2011-412 du 14 avril 2011 portant simplification de dispositions du Code électoral et relative à la transparence financière de la vie politique, le législateur a modifié l'article L. 118-3 du Code électoral. Le troisième alinéa de cet article, dans sa rédaction issue de cette loi, dispose que le juge « prononce également l'inéligibilité du candidat dont le compte de campagne a été rejeté à bon droit en cas de volonté de fraude ou de manquement d'une particulière gravité aux règles relatives au financement des campagnes électorales ». Ces dispositions, qui définissent de façon plus restrictive les hypothèses dans lesquelles un candidat encourt la sanction d'inéligibilité, présentent, à la différence des nouvelles dispositions du quatrième alinéa de l'article L. 118-3, qui prévoient que l'inéligibilité est désormais prononcée pour une durée maximale de trois ans et qu'elle s'applique à toutes les élections, le caractère d'une loi nouvelle plus douce, immédiatement applicable.

Par une décision n° 356623 du 23 juillet 2012, le Conseil d'État a jugé qu'il résulte des dispositions du second alinéa de l'article L. 118-2 du Code électoral issu de la loi n° 2011-412 du 14 avril 2011 portant simplification de dispositions du Code électoral et relative à la transparence financière de la vie politique que, lorsque le juge de l'élection se prononce sur un compte de campagne et sur l'éligibilité d'un candidat, il lui appartient, qu'il soit ou non saisi de conclusions en ce sens, de fixer le montant du remboursement dû par l'État au candidat s'il constate que la Commission nationale des comptes de campagne et des financements politiques (CNCCFP) n'a pas statué à bon droit. En revanche, il n'appartient pas au juge de l'élection d'ordonner à un candidat le remboursement des sommes qu'il aurait perçues à ce titre. Il en va notamment ainsi lorsque le juge de l'élection, saisi par la CNCCFP, se prononce sur l'éligibilité d'un candidat en application des dispositions de l'article L. 118-3 du Code électoral. Dans cette hypothèse, il lui appartient, avant de statuer sur l'éligibilité du candidat et, le cas échéant, de fixer le montant du remboursement dû par l'État, de se prononcer sur le bien-fondé des motifs sur lesquels s'est fondée la Commission pour réformer ou rejeter le compte.

Par une décision n° 447336, 449019 du 9 juin 2021, Elections municipales et communautaires d'Apatou (Guyane), le Conseil d'État a jugé qu'il résulte du premier alinéa de l'article 15 de la loi n° 2019-1269 du 2 décembre 2019 et du XVI de l'article 19 de la loi n° 2020-290 du 23 mars 2020 que les dispositions de la loi du 2 décembre 2019 modifiant celles du Code électoral, à l'exception de son article 6, ne sont pas applicables aux opérations électorales en vue de l'élection des conseillers municipaux et communautaires organisées les 15 mars et 28 juin 2020, y compris en ce qui concerne les comptes de campagne. Toutefois, l'inéligibilité prévue par l'article L. 118-3 du Code électoral constitue une sanction ayant le caractère d'une punition. Il incombe dès lors au juge de l'élection, lorsqu'il est saisi de conclusions tendant à ce qu'un candidat dont le compte de campagne est rejeté soit déclaré inéligible et à ce que son élection soit annulée, de faire application, le cas échéant, d'une loi nouvelle plus douce entrée en vigueur entre la date des faits litigieux et celle à laquelle il statue. Le législateur n'ayant pas entendu, par les dispositions mentionnées au point précédent, faire obstacle à ce principe, le juge doit faire application aux opérations électorales mentionnées à ce même point de cet article dans sa rédaction issue de la loi du 2 décembre 2019. En effet, cette loi nouvelle laisse désormais au juge, de façon générale, une simple faculté de déclarer inéligible un candidat en la limitant aux cas où il relève une volonté de fraude ou un manquement d'une particulière gravité aux règles de financement des campagnes électorales, alors que l'article L. 118-3 dans sa version antérieure, d'une part, prévoyait le prononcé de plein droit d'une inéligibilité lorsque le compte de campagne avait été rejeté à bon droit en cas de volonté de fraude ou de manquement d'une particulière gravité et, d'autre part, n'imposait pas cette dernière condition pour que puisse être prononcée une inéligibilité lorsque le candidat n'avait pas déposé son compte de campagne dans les conditions et le délai prescrits par l'article L. 52-12 de ce même code.

B. Le juge administratif comme juge des élections municipales

À titre liminaire, il y a lieu de préciser que les juridictions judiciaires ont une compétence en matière électorale pour juger les litiges relatifs aux inscriptions et radiations de personnes déterminées sur les listes électorales ainsi que la fraude électorale, au sens de l'article L. 97 du Code électoral, qui constitue un délit réprimé par le juge pénal.

Ainsi, en application de l'article L. 249 du Code électoral, les litiges relatifs à l'élection des conseillers municipaux relèvent de la compétence en premier ressort du tribunal administratif dans le ressort duquel l'élection a été organisée et le jugement du tribunal administratif est alors susceptible d'appel devant le Conseil d'État.

Le tribunal administratif doit statuer, en principe, dans un délai de deux mois sur les protestations dont il est saisi en tant que juge électoral et ce délai est porté à trois mois, en cas de renouvellement général. En outre, dans les circonscriptions au sein desquelles le montant des dépenses électorales est plafonné et où les candidats sont donc soumis au contrôle de la Commission nationale des comptes de campagne et des financements politiques, le délai est prorogé afin de laisser à cette commission le temps de statuer avant que le tribunal ne rende son jugement. À noter que le tribunal administratif est dessaisi au profit du Conseil d'État, aux termes des articles R. 117 et R. 121 du Code électoral, s'il n'a pas statué dans les délais impartis par ce même Code électoral.

La faculté de contester une élection appartient aux électeurs de la circonscription, aux candidats et au préfet, mais aussi à toute personne éligible s'agissant du contentieux des élections municipales.

La contestation des résultats d'une élection devant le juge administratif n'est pas soumise à l'obligation de recourir à un avocat et cette dispense de ministère d'avocat est prévue à l'article R. 431-2 du Code électoral devant les TA et à l'article R. 432-2 du même code devant le Conseil d'État.

Les délais dans lesquels les requérants peuvent contester une élection sont étroitement encadrés et pour les élections municipales ce délai expire à dix-huit heures le cinquième jour qui suit l'élection, en application de l'article R. 119 du Code électoral. Toutefois, ce délai bref a été prorogé par le 3° de l'article 15 de l'ordonnance 2020-305 du 25 mars 2020 jusqu'à 5 jours après la prise de fonctions des élus à intervenir par décret, dépendant elle-même de la tenue du second tour, au plus tard au mois de juin 2020.

Enfin, en matière de contentieux électoral, une protestation n'a pas d'effet suspensif en première instance et l'élu conserve ainsi son mandat jusqu'à ce que le juge de l'élection ait statué par une décision définitive.

C. Le juge administratif comme un juge de l'élection qui dispose de pouvoirs étendus

Le juge administratif dispose de pouvoirs étendus de rectification des résultats et d'annulation de l'élection.

En premier lieu, le juge administratif est compétent pour rectifier les résultats de l'élection en procédant à la neutralisation des erreurs ou irrégularités dans le décompte des voix qu'il constate, lorsqu'ils peuvent être déterminés avec certitude. Dans ces conditions, il peut procéder à la réattribution des suffrages écartés à tort ou mal décomptés à leurs bénéficiaires en corrigeant, en conséquence, les résultats de l'élection (CE, 20 févr. 2002, *Élections municipales de Saint-Élie*, n° 235473).

En deuxième lieu, le juge administratif peut annuler une élection en cas de manœuvre ayant affecté la sincérité du scrutin. La circonstance qu'une ou plusieurs irrégularités ou manœuvres aient été commises ne conduit pas automatiquement à l'annulation de l'élection. En effet, le juge apprécie, au cas par cas, si la sincérité du scrutin a pu être affectée et afin d'apprécier cette incidence, il met en regard la gravité, l'ampleur et les répercussions potentielles de ces irrégularités avec l'écart des voix.

En troisième lieu, le juge administratif peut déclarer inéligible un candidat. Il résulte de l'article L. 118-4 du Code électoral que, régulièrement saisi d'un grief tiré de l'existence de manœuvres, le juge administratif, dans son office de juge de l'élection, peut, le cas échéant d'office, et après avoir, dans cette hypothèse, recueilli les observations des candidats concernés, déclarer inéligibles, pour une durée maximale de trois ans, des candidats, si les manœuvres constatées présentent un caractère frauduleux, et s'il est établi qu'elles ont été accomplies par les candidats concernés et ont eu pour objet ou pour effet de porter atteinte à la sincérité du scrutin, étant précisé que le caractère frauduleux des manœuvres s'apprécie eu égard, notamment, à leur nature et à leur ampleur (CE, 13 juin 2016, *Élections départementales dans le canton du Livradais (Lot-et-Garonne)*, n° 394675, 394679).

L'élu dont l'élection a été annulée par le tribunal administratif reste, en principe, en fonction jusqu'à ce que le jugement devienne définitif, c'est-à-dire à l'expiration du délai d'appel, ou, s'il a fait appel, jusqu'à la décision du Conseil d'État statuant comme juge d'appel (CE, 28 sept. 1990, *Élections municipales de Limeil-Brévannes,* n° 109115).

Par une ordonnance n° 440055 du 15 juillet 2020, le juge des référés du Conseil d'État a jugé que ni par l'article L. 262 du Code électoral, ni par la loi n° 2020-290 du 23 mars 2020 le législateur n'a subordonné à un taux de participation minimal la répartition des sièges au conseil municipal à l'issue du premier tour de scrutin dans les communes de mille habitants et plus, lorsqu'une liste a recueilli la majorité absolue des suffrages exprimés et que le niveau de l'abstention n'est ainsi, par lui-même, pas de nature à remettre en cause les résultats du scrutin, s'il n'a pas altéré, dans les circonstances de l'espèce, sa sincérité. En l'espèce, le requérant faisant seulement valoir que le taux d'abstention s'est élevé à 56,07 % dans sa commune, sans invoquer aucune autre circonstance relative au déroulement de la campagne électorale ou du scrutin dans la commune qui montrerait, en particulier, qu'il aurait été porté atteinte au libre exercice du droit de vote ou à l'égalité entre les candidats. Dans ces conditions, le niveau de l'abstention constatée ne peut être regardé comme ayant altéré la sincérité du scrutin.

III. Élargissement du droit de vote des détenus

La loi n° 2019-222 du 23 mars 2019 de programmation 2018-2022 et de réforme de la justice comprend un chapitre IV portant sur le droit de vote des détenus dont l'article 87 prévoit notamment que, pour l'application des chapitres Ier, VI et IX de la loi n° 77-729 du 7 juillet 1977 relative à l'élection des représentants au Parlement européen, les personnes placées en détention provisoire et les détenus purgeant une peine n'entraînant pas une incapacité électorale qui sont incarcérés dans un établissement pénitentiaire situé sur le territoire de la République peuvent, à leur demande et s'ils sont inscrits sur une liste électorale, voter par correspondance sous pli fermé à l'élection des représentants au Parlement européen de mai 2019, dans des conditions permettant de respecter le caractère secret et personnel du vote, la sincérité du scrutin ainsi que la sécurité et la sûreté des personnes concernées.

Une commission électorale chargée de veiller à la régularité et à la sincérité des opérations de vote par correspondance sous pli fermé est instituée par cette loi. Elle a pour mission d'établir une liste des électeurs admis à voter par correspondance sous pli fermé, qui n'est d'ailleurs pas communicable, et qui constitue la liste d'émargement.

Précisons que cette modalité de vote, qui s'inspire du modèle de l'élection des députés représentant les Français de l'étranger, s'ajoute aux dispositions existantes, et notamment au vote par procuration depuis 1975 ou au vote à l'urne lors de permissions de sortir, même si cette dernière possibilité était relativement peu utilisée en réalité.

La loi organique n° 2021-335 du 29 mars 2021 portant diverses mesures relatives à l'élection du Président de la République fixe les modalités selon lesquelles les personnes détenues, placées en détention provisoire ou exécutant une peine n'entraînant pas une incapacité électorale, peuvent voter par correspondance, sous pli fermé, à l'élection du Président de la République.

Ainsi, les personnes physiques concernées par ces dispositions ont pu choisir l'une, et seulement une seule, de ces modalités de vote si elles ont participé aux élections départementales et régionales et des assemblées de Corse, de Guyane et de Martinique des 20 et 27 juin 2021.

IV. Corpus juridique de référence

– Constitution du 4 oct. 1958, notamment art. 3 et 34

– DDHC de 1789, notamment art. 6

– Cons. const., 17 juin 2020, n° 2020-849 QPC, M. Daniel D. et autres (Validation du report du second tour des élections municipales, tout en encadrant les modifications du déroulement d'opérations électorales)

– Cons. const., 30 juill. 2020, n° 2020-802 DC, Loi organique portant report de l'élection de six sénateurs représentant les Français établis hors de France et des élections partielles pour les députés et les sénateurs représentant les Français établis hors de France (La prolongation, exceptionnelle et transitoire, d'un an du mandat de six sénateurs représentant les Français établis hors de France, est jugée conforme à la Constitution)

– Cons. const., 25 mars 2021, n° 2021-815 DC, Loi organique portant diverses mesures relatives à l'élection du Président de la République (ajout du vote par correspondance aux détenus)

– Code électoral

– Code du travail, notamment art. R. 2314-5, R. 2314-6

– CGCT

– Loi organique n° 2021-335 du 29 mars 2021 portant diverses mesures relatives à l'élection du Président de la République

– Loi n° 2019-222 du 23 mars 2019 de programmation 2018-2022 et de réforme de la justice

– Loi n° 2019-1461 du 27 décembre 2019 relative à l'engagement dans la vie locale et à la proximité de l'action publique

– Loi n° 2020-290 du 23 mars 2020 d'urgence pour faire face à l'épidémie de Covid-19, et notamment son article 19

– Ordonnance n° 2020-305 du 25 mars 2020 portant adaptation des règles applicables devant les juridictions de l'ordre administratif

– Loi n° 2020-760 du 22 juin 2020 tendant à sécuriser l'organisation du second tour des élections municipales et communautaires de juin 2020 et à reporter les élections consulaires

– Loi n° 2021-191 du 22 février 2021 portant report, de mars à juin 2021, du renouvellement général des conseils départementaux, des conseils régionaux et des assemblées de Corse, de Guyane et de Martinique

– Loi n° 2021-771 du 17 juin 2021 ratifiant les ordonnances n° 2021-45 du 20 janvier 2021 et n° 2021-71 du 27 janvier 2021 portant réforme de la formation des élus locaux

– Décret n° 2020-571 du 14 mai 2020 définissant la date d'entrée en fonction des conseillers municipaux et communautaires élus dans les communes dont le conseil municipal a été entièrement renouvelé dès le premier tour des élections municipales et communautaires organisé le 15 mars 2020

– Décret n° 2020-642 du 27 mai 2020 fixant la date du second tour du renouvellement général des conseillers municipaux et communautaires, des conseillers de Paris et des conseillers métropolitains de Lyon, et portant convocation des électeurs

– CE, 16 janv. 1987, *Élections à l'Assemblée de Corse*, n° 76992

– CE, ass., juill. 2011, *Élections régionales d'Île-de-France*, n° 338033, 338199

– CE, juge des référés, 15 juill. 2020, *Élections municipales et communautaires de Saint-Sulpice-sur-Risle (Orne)*, n° 440055

– CE, 9 juin 2021, *Élections municipales et communautaires d'Apatou (Guyane)*, n° 447336, 449019

– Cass. soc., 13 janv. 2021, n° 19-23533 (Précisions relatives à la négociation de l'accord d'entreprise autorisant le recours au vote électronique dans le cadre de l'organisation d'élections professionnelles au sein des entreprises privées)

V. Exemples de questions sur le thème des élections

– Quels sont les principes qui auraient pu être méconnus par la loi du 23 mars 2020 d'urgence pour faire face à l'épidémie de Covid-19 reportant le second tour des élections municipales le 28 juin 2020 ?

– Qu'est-ce le principe de sincérité du scrutin ?

– Quel est le juge qui veille à la régularité des opérations de référendums et pourquoi ?

– Quel est le juge qui veille à la régularité des opérations de référendums locaux et pourquoi ?

– Les litiges survenant lors des élections des conseillers municipaux, départementaux et régionaux relèvent-ils de la compétence de quelle juridiction ?

– Le ministère d'avocat est-il obligatoire pour contester les résultats d'une élection municipale devant le juge administratif ?

– En matière de contentieux électoral, une protestation a-t-elle un effet suspensif en première instance ?

– Quels sont les pouvoirs du juge administratif en matière électorale ?

– Le juge judiciaire exerce-t-il une compétence en matière électorale ?

– Le juge administratif a-t-il le pouvoir de déclarer inéligible un candidat ?

– Le juge administratif peut-il rectifier les résultats d'une élection municipale en procédant à la neutralisation des erreurs ou irrégularités dans le décompte des voix qu'il constate ? Si c'est le cas, dans quelles conditions ?

– En cas de taux de participation très faible, une élection municipale pourrait-elle être annulée ?

– Quelles sont les modalités de vote que peuvent dorénavant utiliser les détenus ?

– Êtes-vous pour ou contre le vote électronique et pourquoi ?

– Sera-t-il possible de recourir au vote électronique, et dans quelles conditions, pour les élections professionnelles prévues en 2022 ?

1er juillet 2021 : Politiques climatiques de la France et objectifs de réduction d'émissions de gaz à effet de serre d'ici à 2030

Depuis près de 30 ans, la France s'est engagée dans la lutte contre le changement climatique par des traités internationaux et en faisant évoluer la loi. Chargée de contrôler le respect de ces engagements, la justice administrative a été saisie dernièrement par de nombreux citoyens, associations ou collectivités territoriales.

Par une décision n° 427301 du 1er juillet 2021, Commune de Grande-Synthe et autre, le Conseil d'État a enjoint au Premier ministre de prendre toutes mesures utiles permettant d'infléchir la courbe des émissions de gaz à effet de serre produites sur le territoire national afin d'assurer sa compatibilité avec les objectifs de réduction des émissions de gaz à effet de serre fixés à l'article L. 100-4 du Code de l'énergie et à l'annexe I du règlement (UE) 2018/842 du 30 mai 2018, avant le 31 mars 2022.

Lors de l'audience publique de cette affaire, le 11 juin 2021, le rapporteur public a proposé dans ses conclusions orales de condamner l'État à verser une somme de 10 millions d'euros, en raison de son incapacité à faire respecter les seuils de pollution de l'air sur l'ensemble du territoire.

I. Les récentes décisions de la justice administrative en matière climatique

La décision Commune de Grande-Synthe et autre, du 1er juillet 2021, s'inscrit dans une suite de décisions prise dans la même veine par la justice administrative.

Le Conseil d'État avait été saisi par plusieurs associations de défense de l'environnement et ordonné, le 12 juillet 2017, au Gouvernement de mettre en œuvre des plans pour réduire les concentrations de dioxyde d'azote (NO_2) et de particules fines (PM_{10}) dans 13 zones en France, conformément aux exigences de la directive européenne sur la qualité de l'air.

Constatant que le Gouvernement n'avait toujours pas pris toutes les mesures demandées dans 8 zones (Grenoble, Lyon, Strasbourg, Reims, Marseille-Aix, Toulouse, Paris et Fort de France), le Conseil d'État lui a enjoint d'agir dans un délai de six mois, sous peine d'une astreinte de 10 millions d'euros par semestre de retard, dans une décision *Association Les Amis de la Terre* du 10 juillet 2020, pour inaction contre la pollution de l'air.

Par une décision nº 428409 du 4 août 2021, *Association Les amis de la terre France et autres*, le Conseil d'État a condamné l'État à verser, au titre de la liquidation provisoire de l'astreinte pour la période du 11 janvier au 11 juillet 2021, la somme de 100 000 euros à l'association Les amis de la Terre France, la somme de 3,3 millions d'euros à l'Ademe, la somme de 2,5 millions d'euros au Cerema, la somme de 2 millions d'euros à l'Anses, la somme de 1 million d'euros à l'Ineris, la somme de 350 000 euros à Airparif et Atmo Auvergne Rhône-Alpes chacune, et la somme 200 000 euros à Atmo Occitanie et Atmo Sud chacune.

Saisi par la commune de Grande-Synthe, située près de Dunkerque, le Conseil d'État a demandé au Gouvernement, en novembre 2020, de justifier, dans un délai de trois mois, que la trajectoire de réduction des gaz à effets de serre pour 2030 (-40 % par rapport à 1990) pourra être respectée sans qu'il soit nécessaire de prendre des mesures supplémentaires. À la lumière des justifications fournies, en février 2021 par le Gouvernement, à la suite de cette première décision, le Conseil d'État a enjoint au Premier ministre de prendre toutes mesures utiles permettant d'infléchir la courbe des émissions de gaz à effet de serre produites sur le territoire national afin d'assurer sa compatibilité avec les objectifs de réduction des émissions de gaz à effet de serre fixés à l'article L. 100-4 du Code de l'énergie et à l'annexe I du règlement (UE) 2018/842 du 30 mai 2018 avant le 31 mars 2022 (CE, 1er juill. 2021, Commune de Grande-Synthe et autre, n° 427301).

II. Fondamentaux à connaître sur le droit de l'environnement et les libertés fondamentales

L'État français a signé plusieurs traités en matière de climat qui engagent la France. Leur transcription dans le droit français en objectifs précis a pour conséquence l'augmentation des contraintes directement issues de la loi qui s'imposent à l'État en matière de protection de l'environnement et en particulier de lutte contre le changement climatique.

Peuvent être cités, à titre d'illustration, la Convention-cadre des Nations unies sur les changements climatiques de 1992, le Protocole de Kyoto de 1997, la Convention d'Aarhus sur l'accès à l'information, la participation du public au processus décisionnel et l'accès à la justice en matière d'environnement de 1998 ainsi que l'Accord de Paris sur le réchauffement climatique de 2015 avec un objectif de développement durable et de lutte contre les changements climatiques.

La Convention EDH, qui ne fait pas mention du droit de l'environnement, en déduit toutefois une protection du droit à un environnement sain de ses articles 2 (CEDH, 30 nov. 2004, *Ö. c. Turquie*, n° 48939/99 ; CEDH, 20 mars 2008, *B. et a. c. Russie*, n° 15339/02), 3 (CEDH, 9 déc. 1994, *L. O. c. Espagne*, n° 16798/90 ; CEDH, 14 sept. 2010, *F. c. Roumanie*, n° 37186/03) et 8 (CEDH, 16 nov. 2004, *M. G. c. Italie*, n° 4143/02 ; CEDH, 8 juill., 2003, *H. c. Royaume-Uni*, n° 36022/97).

En droit interne, le droit à un environnement sain a été consacré par la loi n° 95-101 du 2 février 1995 relative au renforcement de la protection de l'environnement, dite « loi Barnier », qui a été codifiée dans le Code de l'environnement et dont l'article L. 110-2 prévoit que les lois et règlements organisent le droit de chacun à un environnement sain, qu'ils contribuent à assurer un équilibre harmonieux entre les zones urbaines et les zones rurales ainsi que la préservation et l'utilisation durable des continuités écologiques, qu'il est du devoir de chacun de veiller à la sauvegarde et de contribuer à la protection de l'environnement, y compris nocturne, et que les personnes publiques et privées doivent, dans toutes leurs activités, se conformer aux mêmes exigences.

Après quoi, la Charte de l'environnement de 2004 a intégré le bloc de constitutionnalité avec la loi constitutionnelle n° 2005-205 du 1er mars 2005 relative à la Charte de l'environnement. Le Conseil constitutionnel, à l'occasion de sa décision « loi relative aux OGM » du 19 juin 2008, a reconnu à l'ensemble des droits et devoir définis par la Charte de l'environnement, et donc à son article 7, une valeur constitutionnelle. Mais le contrôle qu'il exerce sur ces stipulations diffère d'autres articles de la Charte, notamment l'article 5 relatif au principe de précaution. Dans la mesure où l'article 7 laisse le soin à la loi de préciser « les conditions et les limites » du principe d'information et de participation, le Conseil constitutionnel n'exerce en la matière qu'un contrôle restreint, limité à la vérification de l'absence de dénaturation de ce principe par le législateur.

Plus récemment, la loi n° 2019-1147 du 8 novembre 2019 relative à l'énergie et au climat qui fixe l'objectif de la neutralité carbone à l'horizon 2050 a mis à jour les objectifs fixés dans la loi de transition énergétique pour la croissance verte. Elle inscrit notamment l'urgence écologique et climatique dans le Code de l'énergie ainsi que l'objectif d'une neutralité carbone en 2050, en divisant les émissions de gaz à effet de serre par six au moins d'ici cette date.

Le Conseil constitutionnel a confirmé l'existence d'un OVC de santé publique à disposition du législateur dans sa décision n° 2019-823 QPC du 31 janvier 2020 dans laquelle il a consacré la protection de l'environnement, patrimoine commun des êtres humains, en tant qu'OVC.

Le décret n° 2021-837 du 29 juin 2021 a modifié, à compter du 1er août, l'état du droit en matière d'évaluation environnementale et de participation du public du Code de l'environnement.

Le Parlement a adopté définitivement le projet de loi portant lutte contre le dérèglement climatique et renforcement de la résilience face à ses effets, le 20 juillet 2021, qui s'inspire de certaines propositions issues de la Convention citoyenne pour le climat, étant précisé que l'idée d'un référendum sur le climat a été abandonnée, faute d'accord entre les deux chambres. La loi prévoit notamment la suppression de lignes ariennes intérieures en cas d'alternatives en train de moins de 2 heures 30, ou l'interdiction de mise en location des « passoires thermiques », les logements classés G et F en 2025 et 2028. Elle a été soumise au contrôle de constitutionnalité du Conseil constitutionnel par plus de soixante députés, le 27 juillet 2021, et ce dernier a écarté comme excessivement généraux les griefs dont il a été saisi à l'encontre de cette loi, par une décision n° 2021-825 DC du 13 août 2021.

La justice administrative fait application de ces obligations posées par la loi en jugeant que l'État était tenu de les mettre en œuvre afin que la France puisse respecter ses engagements. Si l'État ne met pas en œuvre ces obligations ou pas suffisamment, c'est au juge administratif, lorsqu'il est saisi par des citoyens, des associations ou des collectivités, qu'il appartient de le sanctionner en lui ordonnant, si nécessaire, de prendre des actions supplémentaires, conformément à la compétence qui est la sienne.

Saisi par le Collectif des maires anti-pesticides sur la question notamment de la fixation à dix mètres pour les cultures hautes et à cinq mètres pour les cultures basses de la distance minimale aux habitations d'utilisation de substances dont la cancérogénicité, la mutagénicité ou la toxicité pour la reproduction est suspectée, le Conseil d'État a enjoint au Premier ministre et à des ministres du Gouvernement de renforcer la réglementation en matière d'épandage des pesticides pour mieux protéger la population, dans un délai de six mois (CE, CHR, 26 juill. 2021, *Collectif des maires anti-pesticides*, n° 437815).

III. Corpus juridique de référence

– Constitution française, Charte de l'environnement de 2004

– Convention-cadre des Nations unies sur les changements climatiques, 1992

– Protocole de Kyoto, 1997

– Convention d'Aarhus sur l'accès à l'information, la participation du public au processus décisionnel et l'accès à la justice en matière d'environnement, adoptée le 25 juin 1998 et ratifiée par la France, le 28 février 2002

– Convention européenne de sauvegarde des droits de l'homme et des libertés fondamentales, notamment art. 2, 3 et 8

– Charte des droits fondamentaux de l'UE du 7 décembre 2000, notamment art. 37 (Elle est devenue contraignante juridiquement avec la ratification du traité de Lisbonne)

– Règlement n° 1367/2006 du Parlement européen et du Conseil du 6 septembre 2006 (Rend applicable la Convention d'Aarhus aux institutions et organes de l'UE

– Accord de Paris sur le réchauffement climatique, 2015

– CJUE, 24 oct. 2019, *Commission c. France*, aff. C-636/18

– CEDH, GC, 8 juill. 2003, *H. c. Royaume-Uni*, n° 36022/97

– CEDH, GC, 30 nov. 2004, *Ö. c. Turquie*, n° 48939/99 ; 20 mars 2008, *B. et a. c. Russie*, n° 15339/02 (Le droit à la vie garanti par l'art. 2 de la Conv. EDH, implique le droit à un environnement sain)

– Cons. const., 19 juin 2008, n° 2008-564 DC, Loi relative aux organismes génétiquement modifiés

– Cons. const., 8 avril 2011, n° 2011-116 QPC, M. Z.

– Cons. const., 11 oct. 2013, n° 2013-346 QPC, Société Schuepbach Energy LLC (Principe de précaution)

– Cons. const., 20 déc. 2019, n° 2019-794 DC, Loi d'orientation des mobilités

– Cons. const., 31 janvier 2020, n° 2019-823 QPC, Union des industries de la protection des plantes (Interdiction de la production, du stockage et de la circulation de certains produits phytopharmaceutiques)

– Cons. const., 13 août 2021, n° 2021-825 DC, Loi portant lutte contre le dérèglement climatique et renforcement de la résilience face à ses effets

– Code de l'environnement

– Loi n° 95-101 du 2 février 1995 relative au renforcement de la protection de l'environnement, dite « Barnier »

– Loi n° 2010-788 du 12 juillet 2010 portant engagement national pour l'environnement, appelée loi « Grenelle II »

– Loi n° 2018-148 du 2 mars 2018 ratifiant les ordonnances n° 2016-1058 du 3 août 2016 et n° 2016-1060 du 3 août 2016

– Loi n° 2019-1147 du 8 novembre 2019 relative à l'énergie et au climat qui fixe l'objectif de la neutralité carbone à l'horizon 2050

– Loi n° 2020-1672 du 24 décembre 2020 relative au Parquet européen, à la justice environnementale et à la justice pénale spécialisée

– Loi n° 2021-1104 du 22 août 2021 portant lutte contre le dérèglement climatique et renforcement de la résilience face à ses effets

– Ordonnance n° 2016-488 du 21 avril 2016 relative à la consultation locale sur les projets susceptibles d'avoir une incidence sur l'environnement

– Ordonnance n° 2016-1060 du 3 août 2016 portant réforme des procédures destinées à assurer l'information et la participation du public à l'élaboration de certaines décisions susceptibles d'avoir une incidence sur l'environnement

– Décret n° 2016-491 du 21 avril 2016 relatif à la consultation locale sur les projets susceptibles d'avoir une incidence sur l'environnement

– Décret n° 2017-626 du 25 avril 2017 relatif aux procédures destinées à assurer l'information et la participation du public à l'élaboration de certaines décisions susceptibles d'avoir une incidence sur l'environnement et modifiant diverses dispositions relatives à l'évaluation environnementale de certains projets, plans et programmes

– Décret n° 2021-837 du 29 juin 2021 portant diverses réformes en matière d'évaluation environnementale et de participation du public dans le domaine de l'environnement

– CE, ass., 3 oct. 2008, *Commune d'Annecy*, n° 297931

– CE, ass., 12 juill. 2013, *Fédération nationale de la pêche en France*, n° 344522

– CE, 19 juin 2015, *Commune de Saint-Leu et autre*, n° 386291

– CE, avis, 22 mars 2018, *Association Novissen*, n° 415852

– CE, ass., 10 juill. 2020, *Association Les Amis de la Terre*, n° 428409

– CE, juge des référés, 20 avril 2020, *Association Respire*, n° 440005

– CE, 19 nov. 2020, *Commune de Grande-Synthe*, n° 427301

– CE, 1er juill. 2021, *Commune de Grande-Synthe et autre*, n° 427301 (Injonction au Premier ministre de prendre toutes mesures utiles permettant d'infléchir la courbe des émissions de gaz à effet de serre produites sur le territoire national)

– CE, CHR, 26 juill. 2021, *Collectif des maires anti-pesticides*, n° 437815 (Injonction au Premier ministre et à des ministres du Gouvernement de renforcer la réglementation en matière d'épandage des pesticides pour mieux protéger la population, dans un délai de six mois)

– CE, CHR, 4 août 2021, *Association Les amis de la terre France et autres*, n° 428409 (Non-respect des valeurs limites en dioxyde d'azote et particules fines – Constat de dépassements persistants ou de non-dépassements ne pouvant être regardés comme consolidés – Condamnation de l'État – Liquidation de l'astreinte de 10 millions d'euros)

IV. Exemple de sujet avec son corrigé portant sur le droit de l'environnement

Sujet : Le public doit-il être associé aux décisions environnementales ?

Introduction

Accroche : Le décret n° 2021-837 du 29 juin 2021 apporte diverses réformes en matière d'évaluation environnementale et de participation du public dans le domaine de l'environnement, à partir du 1er août 2021.

Problématique : Le cadre juridique de la participation du public aux décisions prises en matière d'environnement est déterminé par le droit international et le bloc de constitutionnalité qui ont permis de dégager un principe de participation dont la mise en œuvre repose, pour les projets environnementaux et autorisations environnementales, sur plusieurs outils.

Annonce du plan

I. Le principe de participation du public aux décisions ayant une incidence sur l'environnement

Annonce des deux sous-parties :

1.1. Un principe consacré par le droit international et la Constitution

1.2. Une interprétation volontariste du Conseil constitutionnel

Transition : La concrétisation juridique du principe de participation ne se résume pas aux seuls articles L. 120-1 et L. 120-1-1 du Code de l'environnement, qui ne concerne que les décisions pour lesquelles n'existent pas de dispositions législatives particulières. Des dispositions spécifiques existent pour certains projets environnementaux et autorisations environnementales.

II. La mise en œuvre du principe de participation pour les projets environnementaux et les autorisations environnementales

Annonce des deux sous-parties :

2.1. Les débats publics, la concertation préalable et les enquêtes publiques

2.2. Les ordonnances du 21 avril 2016 et du 3 août 2016

Conclusion

Synthèse : Le principe de participation du public aux décisions ayant une incidence sur l'environnement est consacré par le droit international et la Constitution, avec une interprétation volontariste du Conseil constitutionnel. Ce principe est notamment mis en œuvre par les débats publics, la concertation préalable et les enquêtes publiques.

Ouverture possible : La généralisation du débat environnemental s'accompagne toutefois de la persistance, sur le terrain, de tension et d'affrontements autour des grands projets d'infrastructures, à l'instar de la « zone à défendre » (« ZAD ») à Sivens ou à Notre-Dame-des-Landes.

V. Exemples de questions sur le thème du droit de l'environnement

– Quel est le premier texte européen qui reconnaît expressément le droit de l'environnement ?

– La France a-t-elle déjà été condamnée par la CJUE en matière environnemental ?

– Le droit à la vie, garanti par l'article 2 de la Convention EDH, implique-t-il le droit à un environnement sain ?

– Quelle est la valeur juridique de la Charte de l'environnement de 2004 ?

– Quels sont les principaux enseignements à retenir de la loi dite « Barnier » de 1995 ?

– Le public peut-il exiger accéder aux informations relatives à l'environnement détenues par les autorités publiques ? Si, oui, de quelle façon ?

– Le public a-t-il le droit de participer à l'élaboration des décisions publiques ayant une incidence sur l'environnement ? Si, oui, de quelle façon ?

– Qu'est-ce que le principe de précaution pour vous et comment s'applique-t-il ?

– Le préfet exerce-t-il des prérogatives de police administrative en matière environnementale ?

– La protection de l'environnement est-elle consacrée comme patrimoine commun des êtres humains, en tant qu'objectif à valeur constitutionnelle ?

– Êtes-vous pour ou contre la création d'un Défenseur de l'environnement et pourquoi ?

16 juillet 2021 : Les cinquante ans de la décision du Conseil Constitutionnel du 16 juillet 1971 « Liberté d'association »

Le 16 juillet 1971, le Conseil constitutionnel a rendu une décision fondatrice, connue sous le nom de décision « liberté d'association ».

La Constitution de la Ve République française du 4 octobre 1958 ne se limite pas à organiser les pouvoirs publics, définir leur rôle et leurs relations, dès lors que son préambule renvoie directement et explicitement à trois autres textes fondamentaux, à savoir la DDHC du 26 août 1789, le Préambule de la Constitution du 27 octobre 1946 et la Charte de l'environnement de 2004. Les principes et règles essentiels issus de ces textes touchent pour la plupart aux droits fondamentaux et aux garanties nécessaires à leur protection.

Par cette décision n° 71-44 DC du 16 juillet 1971, le Conseil constitutionnel a statué sur le fond en considérant qu'une loi tendant à modifier la loi du 1er juillet 1901 relative au contrat d'association méconnaissait un principe fondamental reconnu par les lois de la République, en l'espèce la liberté d'association, en subordonnant à un contrôle préalable de l'autorité judiciaire l'acquisition de la capacité juridique des associations.

Le Conseil constitutionnel a ainsi fondé, pour la première fois, sa décision sur les principes reconnus par le préambule de la Constitution et a conféré aux règles et principes qui y sont contenus, auparavant seulement déclaratoires, une valeur constitutionnelle.

On peut ainsi dire que le juge constitutionnel s'est érigé en protecteur des droits et libertés et garant de l'État de droit à partir de cette décision. C'est également à partir de cette décision que la doctrine a consacré le concept de « bloc de constitutionnalité » et, en particulier, le doyen Louis Favoreu qui a dégagé cette expression du bloc de légalité, utilisée en droit administratif.

I. Le contrôle de conformité à la Constitution du Conseil constitutionnel et la décision de non-conformité partielle

En application de l'article 61 de la Constitution française de 1958 qui prévoit que les lois peuvent être déférées au Conseil constitutionnel, avant leur promulgation, par le président de la République, le Premier ministre, le président de l'Assemblée nationale, le président du Sénat ou 60 députés ou 60 sénateurs, qui se prononce sur leur conformité à la Constitution, le Conseil constitutionnel a, en l'occurrence, été saisi par le président du Sénat.

Par une décision n° 71-44 DC du 16 juillet 1971, le Conseil constitutionnel s'est prononcé sur certaines dispositions de la loi complétant les dispositions des articles 5 et 7 de la loi du 1er juillet 1901 relative au contrat d'association.

Il a affirmé qu'au nombre des principes fondamentaux reconnus par les lois de la République (PFRLR) et solennellement réaffirmés par le préambule de la Constitution, il y a lieu de ranger le principe de la liberté d'association et que ce principe est à la base des dispositions générales de la loi du 1er juillet 1901 relative au contrat d'association et qu'en vertu de ce principe les associations se constituent librement et peuvent être rendues publiques sous la seule réserve du dépôt d'une déclaration préalable. Ainsi, à l'exception des mesures susceptibles d'être prises à l'égard de catégories particulières d'associations, la constitution d'associations, alors même qu'elles paraîtraient entachées de nullité ou auraient un objet illicite, ne peut être soumise pour sa validité à l'intervention préalable de l'autorité administrative ou même de l'autorité judiciaire.

Si rien n'est changé en ce qui concerne la constitution même des associations non déclarées, les dispositions de l'article 3 de la loi dont le texte est, avant sa promulgation, soumis au Conseil constitutionnel pour examen de sa conformité à la Constitution, ont pour objet d'instituer une procédure d'après laquelle l'acquisition de la capacité juridique des associations déclarées pourra être subordonnée à un contrôle préalable par l'autorité judiciaire de leur conformité à la loi.

Le Conseil constitutionnel a jugé, d'une part, qu'il y a lieu de déclarer non conformes à la Constitution les dispositions de l'article 3 de la loi soumise à l'examen du Conseil constitutionnel complétant l'article 7 de la loi du 1er juillet 1901, ainsi, par voie de conséquence, que la disposition de la dernière phrase de l'alinéa 2 de l'article 1er de la loi soumise au Conseil constitutionnel leur faisant référence. D'autre part, qu'il ne résulte ni du texte dont il s'agit, tel qu'il a été rédigé et adopté, ni des débats auxquels la discussion du projet de loi a donné lieu devant le Parlement, que ces mêmes dispositions soient inséparables de l'ensemble du texte de la loi soumise au Conseil. Enfin, que les autres dispositions de ce texte ne sont contraires à aucune disposition de la Constitution.

II. Fondamentaux à connaître sur le Conseil constitutionnel

A. La composition du Conseil constitutionnel

Rappelons que l'article 56 de la Constitution prévoit que le Conseil constitutionnel comprend neuf membres, dont le mandat dure neuf ans et n'est pas renouvelable, qu'il se renouvelle par tiers tous les trois ans et que trois des membres sont nommés par le président de la République, trois par le président de l'Assemblée nationale, trois par le président du Sénat. La procédure prévue au dernier alinéa de l'article 13 est applicable à ces nominations. Les nominations effectuées par le président de chaque assemblée sont soumises au seul avis de la commission permanente compétente de l'assemblée concernée.

Font de droit partie à vie du Conseil constitutionnel les anciens présidents de la République en plus des neuf membres précédemment évoqués et le président du Conseil constitutionnel est nommé par le président de la République en ayant une voix prépondérante en cas de partage.

Par ailleurs, l'article 57 de la Constitution prévoit que les fonctions de membre du Conseil constitutionnel sont incompatibles avec celles de ministre ou de membre du Parlement et que les autres incompatibilités sont fixées par une loi organique.

Le président du Conseil constitutionnel est M. Laurent Fabius qui a été nommé par le président de la République le 19 février 2016. Les deux autres membres nommés par le président de la République sont Mme Nicole Maestracci, le 12 février 2013, et M. Jacques Mézard, le 22 février 2019.

Les trois membres nommés par le président de l'Assemblée nationale sont Mme Claire Bazy Malaurie, le 31 août 2010 puis renommée le 12 février 2013, Mme Corinne Luquiens, le 18 février 2016 et M. Alain Juppé, le 21 février 2019.

Les trois membres nommés par le président du Sénat sont M. Michel Pinault, le 19 février 2016, Mme Dominique Lottin, le 25 octobre 2017, et M. François Pillet, le 21 février 2019.

Les anciens présidents de la République qui font de droit partie à vie du Conseil constitutionnel sont actuellement M. Nicolas Sarkozy et M. François Hollande.

À retenir que ni le général de Gaulle ni M. François Mitterrand n'ont siégé au Conseil constitutionnel, à ce titre. M. Nicolas Sarkozy a fait le choix de ne plus siéger et M. François Hollande n'a pas encore siégé.

B. Les différents types de contrôle du Conseil constitutionnel

1. Le contrôle a priori du Conseil constitutionnel

Aux termes de l'article 61 de la Constitution, le Conseil constitutionnel opère un contrôle de conformité des lois à la Constitution, c'est-à-dire un contrôle des lois non promulguées. Dans la version initiale de la

Constitution française de 1958, seules les quatre plus hautes autorités de l'État avaient le droit de déférer au Conseil constitutionnel, avant sa promulgation, une loi définitivement adoptée par le Parlement et, en particulier, le président de la République, le Premier ministre, le président de l'Assemblée nationale et le président du Sénat. Depuis la loi constitutionnelle n° 74-904 du 29 octobre 1974 portant révision de l'article 61 de la Constitution, la saisine du Conseil constitutionnel est également ouverte à au moins 60 députés ou 60 sénateurs. À retenir que les citoyens ne peuvent donc pas, pour l'instant, saisir le Conseil constitutionnel d'une loi avant sa promulgation.

À noter que le professeur agrégé de droit Denys de Béchillon a présenté au président du Conseil constitutionnel, le 21 février 2017, les conclusions de la réflexion qu'il a consacrée aux contributions adressées au Conseil constitutionnel dans le cadre de son contrôle a priori des lois, parfois appelées « portes étroites ». Ces contributions peuvent notamment émaner d'associations, de syndicats, d'entreprises, d'organisations professionnelles voire de personnes physiques. Cette réflexion a donné lieu à un document réalisé dans le cadre du Club des juristes qui peut être avantageusement consulté à partir du site internet du Conseil constitutionnel : https://www.conseil-constitutionnel.fr/actualites/rapport-du-professeur-denys-de-bechillon.

2. Le contrôle a posteriori du Conseil constitutionnel

La révision constitutionnelle du 23 juillet 2008 a introduit dans la Constitution un article 61-1 qui crée la question prioritaire de constitutionnalité (QPC) (loi constitutionnelle n° 2008-724 du 23 juill. 2008 de modernisation des institutions de la Ve République). Cette réforme ouvre aux citoyens le droit de contester la constitutionnalité d'une loi promulguée à l'occasion d'un procès. La QPC est donc le droit reconnu à toute personne, partie à un procès, de soutenir qu'une disposition législative est contraire aux droits et libertés que la Constitution garantit. Ce contrôle est dit « a posteriori », dès lors que le Conseil constitutionnel examine une loi déjà entrée en vigueur.

La QPC peut être posée au cours de toute instance devant une juridiction de l'ordre administratif ou judiciaire et à tous les stades de la procédure. Un écrit distinct et motivé est exigé pour la recevabilité de la QPC. Le juge saisi la transmet ensuite, éventuellement, à la Cour de cassation ou au Conseil d'État, qui dispose alors d'un délai de trois mois pour l'examiner et renvoyer, le cas échéant, cette question au Conseil constitutionnel. Ce dernier doit également statuer dans le délai de trois mois.

Pour approfondir cette question essentielle de la QPC, il vous est recommandé de consulter le site internet du Conseil constitutionnel qui est une mine d'information, et notamment : https://www.conseil-constitutionnel.fr/decisions/la-qpc.

3. Le contentieux de l'élection présidentielle, des opérations référendaires et des élections législatives et sénatoriales

Le Conseil constitutionnel veille à la régularité de l'élection du président de la République en examinant les réclamations et proclame les résultats du scrutin, en application de l'article 58 de la Constitution, statue, en cas de contestation, sur la régularité de l'élection des députés et des sénateurs, selon l'article 59 de la Constitution, veille à la régularité des opérations de référendum prévues aux articles 11 et 89 et au titre XV en proclamant les résultats, en vertu de l'article 60 de la Constitution.

C. Les conséquences du contrôle de constitutionnalité des lois du Conseil constitutionnel

En application de l'article 62 de la Constitution, une disposition déclarée inconstitutionnelle sur le fondement de l'article 61 de la Constitution ne peut être promulguée ni mise en application.

Une disposition déclarée inconstitutionnelle sur le fondement de l'article 61-1 de la Constitution est abrogée à compter de la publication de la décision du Conseil constitutionnel ou d'une date ultérieure fixée par cette décision. Le Conseil constitutionnel détermine les conditions et limites dans lesquelles les effets que la disposition a produits sont susceptibles d'être remis en cause.

À retenir que les décisions du Conseil constitutionnel ne sont susceptibles d'aucun recours et qu'elles s'imposent aux pouvoirs publics et à toutes les autorités administratives et juridictionnelles.

III. Fondamentaux à connaître sur la liberté d'association

L'article 1er de la loi du 1er juillet 1901 relative au contrat d'association dispose que l'association est la convention par laquelle deux ou plusieurs personnes mettent en commun, d'une façon permanente, leurs connaissances ou leur activité dans un but autre que de partager des bénéfices et qu'elle est régie, quant à sa validité, par les principes généraux du droit applicables aux contrats et obligations. Cette loi encadre le fonctionnement de toutes les associations qui ont leur siège en France ou exerçant en France une activité permanente sauf celles d'Alsace et de Moselle qui dépendent du Code civil local. Toutes les associations répondant à ce critère sont des associations dites « loi 1901 » et doivent respecter cette loi ainsi que son décret d'application, le décret du 16 août 1901 pris pour l'exécution de la loi du 1er juillet 1901 relative au contrat d'association.

La liberté d'association est constitutionnellement protégée dès lors que le Conseil constitutionnel l'a reconnue comme un principe fondamental reconnu par les lois de la République (PFRLR) dans sa décision n° 71-44 DC du 16 juillet 1971.

L'article 11 de la Convention EDH, portant sur la liberté de réunion et d'association, prévoit que toute personne a droit à la liberté d'association de réunion pacifique et à la liberté d'association, y compris le droit de fonder avec d'autres des syndicats et de s'affilier à des syndicats pour la défense de ses intérêts. L'exercice de ces droits ne peut faire l'objet d'autres restrictions que celles qui, prévues par la loi, constituent des mesures nécessaires, dans une société démocratique, à la sécurité nationale, à la sûreté publique, à la défense de l'ordre et à la prévention du crime, à la protection de la santé ou de la morale, ou à la protection des droits et libertés d'autrui. Cet article n'interdit pas que des restrictions légitimes soient imposées à l'exercice de ces droits par les membres des forces armées, de la police ou de l'administration de l'État. La jurisprudence de la CEDH regarde la liberté d'expression dans la fonction publique comme une composante essentielle d'une société démocratique (CEDH, 26 sept. 1995, *V. c. Allemagne*, n° 17851/91, § 64 ; CEDH, 10 juill. 1998, *S. c. Grèce*, n° 26695/95, § 40).

À retenir, d'une part, que les partis politiques, qui sont constitués sous la forme associative, bénéficient d'une protection constitutionnelle renforcée dès lors que l'article 4 de la Constitution prévoit que les partis et groupements politiques contribuent à l'expression du suffrage en se formant et en exerçant leur activité librement. D'autre part, la CEDH a jugé que l'interdiction générale et absolue faite aux militaires de créer et d'adhérer à un groupement à caractère syndical, de même que l'interdiction de principe pour un tel groupement d'agir en justice pour défendre les intérêts de ses membres, étaient incompatibles avec la convention EDH (CEDH, 2 oct. 2014, *ADEFDROMIL c. France*, n° 32191/09 et *M. c. France*, n° 10609/10). La Cour a toutefois précisé que des restrictions, mêmes significatives, peuvent être apportées dans ce cadre aux modes d'action et d'expression d'une association professionnelle et des militaires qui y adhèrent, compte tenu de la spécificité des missions incombant aux forces armées, qui exige une adaptation de l'activité syndicale qui, par son objet, peut révéler l'existence de points de vue critiques sur certaines décisions affectant la situation morale et matérielle des militaires. L'article L. 4121-4 du Code de la défense prévoit dorénavant que les militaires peuvent librement créer une association professionnelle nationale de militaires régie par le titre II du chapitre VI du même code portant sur les droits et obligations des militaires, y adhérer et y exercer des responsabilités.

Par ailleurs, une dissolution administrative d'une association peut être ordonnée dans les conditions prévues par l'article L. 212-1 du CSI. Dans ce cadre, elle intervient par décret du Président de la République, en Conseil des ministres, pour des associations ou groupements de fait, notamment : « Qui provoquent à des manifestations armées dans la rue ; Ou qui présentent, par leur forme et leur organisation militaires, le caractère de groupes de combat ou de milices privées ; Ou qui ont pour but de porter atteinte à l'intégrité du territoire national ou d'attenter par la force à la forme républicaine du Gouvernement ; Ou dont l'activité tend à faire échec aux mesures concernant le rétablissement de la légalité républicaine ; Ou qui ont pour but soit de rassembler des individus ayant fait l'objet de condamnation du chef de collaboration avec l'ennemi, soit d'exalter cette collaboration ; Ou qui, soit provoquent à la discrimination, à la haine ou à la violence envers une personne ou un groupe de personnes à raison de leur origine ou de leur appartenance ou de leur non-appartenance à une ethnie, une nation, une race ou une religion déterminée, soit propagent des idées ou théories tendant à justifier ou encourager cette discrimination, cette haine ou cette violence ; Ou qui se livrent, sur le territoire français ou à partir de ce territoire, à des agissements en vue de provoquer des actes de terrorisme en France ou à l'étranger. Le maintien ou la reconstitution d'une association ou d'un groupement dissous en application de cet article, ou l'organisation de ce maintien ou de cette reconstitution, ainsi que l'organisation d'un groupe de combat sont réprimées dans les conditions prévues par la section 4 du chapitre Ier du titre III du livre IV du Code pénal ».

À titre d'illustration, l'association dénommée Génération identitaire a été dissoute par un décret du Président de la République du 3 mars 2021. Par une ordonnance n° 451743 du 3 mai 2021, le juge des référés du Conseil d'État a rejeté la demande de suspension de l'exécution de ce même décret qui a été confirmée par une décision n° 451741 du 2 juillet 2021, en jugeant qu'elle était bien responsable de provocations à la haine et à la discrimination. Précédemment, le Conseil d'État avait rejeté la demande de l'association Barakacity de suspendre l'exécution du décret du 28 octobre 2020 qui a mis en œuvre sa dissolution en la motivant par la provocation à la discrimination, à la haine ou à la violence (CE, juge des référés, 25 nov. 2020, *Association Barakacity*, n° 445774, 445984).

La CEDH a déjà jugé que la dissolution d'une association en raison de son idéologie raciste et xénophobe, en l'occurrence contre les Roms, n'emporte pas violation de l'article 11 de la Convention EDH (CEDH, 9 juill. 2013, *V. c. Hongrie*, n° 35943/10).

IV. Corpus juridique de référence

– Constitution française du 4 octobre 1958, notamment art. 4

– Convention EDH, notamment art. 10, 11

– Charte des droits fondamentaux de l'Union européenne, notamment art. 12

– Déclaration universelle des droits de l'homme, Organisation des Nations Unies, 10 déc. 1948

– CEDH, 26 sept. 1995, *V. c. Allemagne*, n° 17851/91

– CEDH, 10 juill. 1998, *S. c. Grèce*, n° 26695/95

– CEDH, 13 févr. 2003, *Refah Partisi (Parti de la Prospérité) c. Turquie*

– CEDH 22 sept. 2011, *Association pour la protection des animaux sauvages (ASPAS) et Mme L. c. France*, n° 29953/08

– CEDH, 9 juill. 2013, *V. c. Hongrie*, n° 35943/10

– CEDH 2 oct. 2014, *ADEFDROMIL c. France*, n° 32191/09 et *M. c. France*, n° 10609/10

– Cons. const., 16 juill. 1971, déc. n° 71-44 DC, Liberté d'association

– Cons. const. 20 juill. 2000, déc. n° 2000-434 DC, Loi relative à la chasse

– Code pénal, notamment art. 431-13 à 431-21

– Code de la sécurité intérieure, notamment art. L. 212-1, L. 212-2

– Code civil local d'Alsace-Moselle, notamment art. 21 à 79-IV

– Loi du 1er juillet 1901 relative au contrat d'association

– Loi n° 2021-874 du 1er juillet 2021 en faveur de l'engagement associatif

– Loi n° 2021-875 du 1er juillet 2021 visant à améliorer la trésorerie des associations

– CE, ass., 11 juill. 1956, *Amicale des Annamites de Paris et sieur N.*, n° 26638

– CE, ass., 31 oct. 1969, *Syndicat de défense des canaux de la Durance et Blanc*, n° 61310

– CE, juge des référés, 25 nov. 2020, *Association Barakacity*, n° 445774, 445984 (Dissolution sur décision administrative)

– CE, juge des référés, 3 mai 2021, *Association Génération identitaire et autres*, n° 451743

– CE, 2 juill. 2021, *Association Génération identitaire et autres*, n° 451741 (Dissolution sur décision administrative)

– CE, Jurisprudence et avis de 1999 : *Les associations et la loi de 1901, cent ans après*, Rapport public 2000, La Documentation française

V. Exemple de sujet avec un plan détaillé portant sur la liberté d'association

Sujet : La dissolution d'une d'association

Introduction

Annonce du plan

I. Les motifs de dissolution d'une association

Annonce des deux sous-parties

1.1. Sur décision de ses membres ou en application de ses dispositions statutaires

1.2. Sur décision de justice ou sur décision administrative

Transition

II. Les conséquences de la dissolution d'une association

Annonce des deux sous-parties

2.1. La liquidation et la transmission du patrimoine de l'association

2.2. Sanction pénale en cas de reconstitution d'une association ou d'un groupement dissous en application de l'article L. 212-1 du CSI

Conclusion

VI. Exemples de questions portant sur le thème du Conseil constitutionnel et de la liberté d'association

– Qu'est-ce que le « bloc de constitutionnalité » ?

– Faut-il maintenir les anciens présidents de la République comme membres de droit à vie du Conseil constitutionnel ?

– Quels sont les types de contrôle de constitutionnalité des lois par le Conseil constitutionnel ?

– Qu'est-ce qu'une question prioritaire de constitutionnalité (QPC) ?

– Qu'est-ce qu'une « disposition législative » en matière de QPC ?

– Quels sont les « droits et libertés que la Constitution garantit » en matière de QPC ?

– Pourquoi une QPC est-elle qualifiée de « prioritaire » ?

– Faut-il constituer avocat pour poser une QPC ?

– Le justiciable peut-il saisir directement le Conseil constitutionnel, en matière de QPC ?

– Définissez la notion de « portes étroites » devant le Conseil constitutionnel.

– Comment dissoudre une association loi 1901 ?

– Les partis politiques constitués sous la forme associative bénéficient-ils d'une protection constitutionnelle renforcée ?

– Que faire face à une association qui s'apparente à une secte ?

– Quel est le rôle de la Mission interministérielle de vigilance et de lutte contre les dérives sectaires (Miviludes) ?

2 août 2021 : Loi relative à la bioéthique

Le projet de loi de bioéthique a été finalement adopté par l'Assemblée nationale, le 29 juin 2021, après un parcours parlementaire qui a duré deux ans et malgré le rejet en bloc du texte en troisième lecture, le 24 juin, sans examen préalable, par le Sénat.

La loi n° 2021-1017 relative à la bioéthique s'inscrit dans le cadre juridique français de la bioéthique dans le prolongement des trois lois de juillet 1994 (n° 94-548 du 1er juillet 1994, 94-653 et 94-654 du 29 juillet 1994), de la loi n° 2004-800 du 6 août 2004 et de la loi n° 2011-814 du 7 juillet 2011 relatives à la bioéthique.

Rappelons que les lois de bioéthique de 1994 ont affirmé les principes généraux de protection de la personne humaine et, en particulier, en matière d'assistance médicale à la procréation. Ces lois de bioéthique ont été révisées en 2004 en interdisant notamment le clonage, reproductif ou thérapeutique, la recherche sur l'embryon et les cellules embryonnaires, par principe, tout en autorisant, par dérogation, les recherches sur l'embryon et les cellules embryonnaires, pour une période limitée à cinq ans si elles sont susceptibles de permettre des progrès thérapeutiques majeurs. À cette occasion, a été créée une Agence de la biomédecine. Le réexamen de cette loi de bioéthique de 2004, prévu par le Parlement dans un délai de cinq ans, a abouti à la loi de bioéthique de 2011 qui a donné une nouvelle définition des modalités et les critères permettant d'autoriser les techniques d'assistance médicale à la procréation ainsi que d'encadrer leur amélioration. L'article 47 de cette même loi prévoit un nouvel examen d'ensemble par le Parlement dans un délai maximal de sept ans après son entrée en vigueur, ce qui donne lieu à ce projet de loi présenté en Conseil des ministres le 24 juillet 2019.

Outre leur réexamen imposé par le législateur français, la révision régulière des lois de bioéthique est rendue nécessaire par l'évolution de la science, du droit et de la société.

I. Présentation du projet de loi relatif à la bioéthique en Conseil des ministres

La garde des Sceaux, ministre de la Justice, la ministre des Solidarités et de la Santé et la ministre de l'Enseignement supérieur, de la Recherche et de l'Innovation ont présenté un projet de loi relatif à la bioéthique lors du Conseil des ministres du 24 juillet 2019.

La révision périodique de la loi de bioéthique, voulue par le législateur, permet de débattre à intervalles réguliers des enjeux éthiques liés aux avancées de la médecine et de la biologie.

Le comité consultatif national d'éthique pour les sciences de la vie et de la santé a lancé des états généraux de la bioéthique en janvier 2018 et a remis un rapport de synthèse le 5 juin 2018. D'autres travaux importants ont été rendus publics par la suite : étude du Conseil d'État, avis du comité consultatif national d'éthique, évaluation de l'application de la loi de bioéthique par l'office parlementaire d'évaluation des choix scientifiques et technologiques, rapport de la mission d'information mise en place à l'Assemblée nationale. Ces travaux se sont appuyés sur plusieurs centaines d'auditions. C'est à partir de ces travaux préparatoires que le gouvernement a préparé ce projet de loi.

Cette révision des lois de bioéthique s'inscrit dans un contexte de sauts technologiques inédits, auxquels s'ajoutent des attentes sociétales fortes.

Pour y répondre, le projet de loi, en trente-deux articles regroupés en sept titres, propose une évolution du cadre bioéthique fondée sur un équilibre entre le respect de la dignité de la personne humaine, le libre choix de chacun et la solidarité entre tous. Il vise à élargir l'accès aux technologies déjà disponibles en matière de procréation, sans renoncer à leur encadrement : accès à la procréation médicalement assistée (PMA) pour les couples de femmes et les femmes non mariées, autoconservation des gamètes pour les femmes comme pour les hommes. Les enfants nés de dons bénéficieront également à l'avenir de nouveaux droits, dont celui d'accéder, à leur majorité, à l'identité du donneur de gamètes, rendue possible par la création d'une commission dédiée et d'une base de données centralisée et sécurisée, gérée par l'agence de la biomédecine.

En revanche, le respect des principes fondateurs de notre droit bioéthique que sont le respect de la dignité humaine et la non-marchandisation du corps humain, conduit à maintenir l'interdiction de la gestation pour autrui.

La filiation des enfants nés d'une PMA dans un couple de femmes sera sécurisée par un nouveau mode de filiation fondé sur une déclaration anticipée de volonté. Elle permettra aux deux membres du couple de devenir ensemble, dès la naissance, les parents de l'enfant né de l'assistance médicale à la procréation à laquelle elles auront consenti ensemble. La filiation ainsi établie aura la même portée et les mêmes effets que la filiation dite « charnelle » ou la filiation adoptive.

Le projet promeut également la solidarité entre les personnes, notamment par le don d'organes ou de cellules-souches hématopoïétiques, sans renoncer au respect et à la protection des droits individuels. Il accompagne la diffusion de nouveaux progrès scientifiques et technologiques (intelligence artificielle, neurosciences).

Il traduit la volonté du gouvernement de soutenir une recherche libre et responsable, au service de la santé humaine, en levant certains verrous juridiques et en supprimant des contraintes infondées, en particulier pour la recherche sur les cellules-souches. Dans le même temps, les valeurs éthiques françaises en matière de recherche sont réaffirmées, comme l'interdiction de créer des embryons à des fins de recherche et l'interdiction de modifier le patrimoine génétique d'un embryon destiné à naître.

Le projet de loi vise à poursuivre l'amélioration de la qualité et de la sécurité des pratiques concernées par le champ bioéthique. De nombreuses mesures encadrent la réalisation d'examens de génétique et la transmission des résultats.

Il permet enfin d'installer une gouvernance bioéthique adaptée au rythme des avancées des sciences et des techniques en élargissant les missions du comité consultatif national d'éthique des sciences de la vie et de la santé, notamment pour prendre en compte tous les impacts des innovations sur la santé.

II. Avis consultatif du Conseil d'État relatif à un projet de loi relatif à la bioéthique rendu au gouvernement le 18 juillet 2019

L'avis consultatif du Conseil d'État sur un projet de loi relatif à la bioéthique du 18 juillet 2019 est accessible, dans son intégralité, sur le site internet du Conseil d'État : https://www.conseil-État.fr/ressources/avis-aux-pouvoirs-publics/derniers-avis-publies/avis-sur-un-projet-de-loi-relatif-a-la-bioethique.

Cet avis rappelle que les lois de bioéthique successives ont réalisé une conciliation spécifiquement française en matière de principes de dignité, de liberté et de solidarité, en conférant une place de premier plan à la dignité de la personne humaine. Pour ce dernier principe, le Conseil constitutionnel a affirmé sa valeur constitutionnelle depuis 1994 en précisant qu'elle se traduit notamment, d'une part, par la protection particulière que les dispositions législatives accordent au corps humain, à son inviolabilité et son extra-patrimonialité et, d'autre part, par les garanties dont le législateur entoure l'embryon.

Le Conseil d'État a été saisi, pour avis consultatif, par le gouvernement sur deux articles seulement du projet de loi qui est composé au total de 32 articles. Il s'agit des articles portant, d'une part, sur le droit d'un enfant issu d'un don de gamètes ou d'embryon d'accéder à ses origines et, d'autre part, sur l'établissement de la filiation des enfants conçus dans le cadre de l'assistance médicale à la procréation (AMP) par recours à un tiers donneur.

En ce qui concerne l'AMP, le Conseil d'État estime qu'aucun principe juridique de nature constitutionnelle ou conventionnelle ne s'oppose à la réforme prévue par le projet de loi dès lors que ni le principe de précaution, ni la notion d'intérêt supérieur de l'enfant, dont le législateur ne peut s'abstraire dans son ouvrage mais qui doit être concilié avec d'autres intérêts tout aussi légitimes, pas plus que l'indisponibilité de l'état des personnes, ne sont de nature à faire obstacle par eux-mêmes à l'ouverture de l'AMP.

En ce qui concerne le droit d'un enfant conçu dans le cadre de l'AMP par recours à un tiers donneur d'accéder à ses origines, le Conseil d'État n'estime qu'aucune des deux versions dont il a été saisi par le gouvernement ne se heurte à un obstacle de nature constitutionnelle ou conventionnelle.

À noter que l'étude d'impact du gouvernement évalue entre 10 et 15 millions d'euros le coût total annuel de la prise en charge par la solidarité nationale de l'accès à l'AMP des couples de femmes et des femmes non mariées, ce qui représenterait 5 % du coût total actuel de l'AMP, lequel s'élève à environ 300 millions d'euros.

III. L'Assemblée nationale adopte en dernière lecture le projet de loi relatif à la bioéthique le 29 juin 2021

Dans le cadre du nouvel examen du projet de loi relatif à la bioéthique, l'Assemblée nationale a, de nouveau, adopté l'extension ou l'ouverture de la procréation médicalement assistée (PMA) aux couples de femmes ainsi qu'aux femmes célibataires qui pourront bénéficier d'une PMA remboursée, au même titre que les couples hétérosexuels rencontrant des problèmes de fertilité. Si le critère médical d'infertilité a été retiré, toutefois les critères d'âges fixés par décret en Conseil d'État ont été retenus.

Il est prévu un accès pour les personnes qui le souhaitent, dès leur majorité, à des données non identifiantes (âge, caractéristiques physiques, situation familiale ou encore professionnelle...) de leur donneur, et même à son identité. Par ailleurs, les personnes qui souhaitent procéder à un don de gamètes ou proposer leur embryon devront exprimer leur consentement expressément et au préalable à la communication de ces données et de leur identité. Une commission placée auprès du ministère de la santé se chargera d'encadrer l'accès à ces données. En revanche, cette levée de l'anonymat n'entraînera pas de conséquences juridiques sur la filiation.

Les couples de femmes ayant recours à la PMA vont également voir leur accès à la filiation facilité dès lors que s'agissant de la femme qui a accouché, son lien de filiation sera établi dans l'acte de naissance, comme c'est le cas pour les couples hétérosexuels. En ce qui concerne la seconde parente, la conjointe n'ayant pas porté l'enfant, son lien de parenté sera officialisé par le biais d'une reconnaissance conjointe anticipée réalisée pendant la grossesse devant un notaire. Les couples de femmes qui ont recouru à une PMA à l'étranger avant que cette révision de la loi ne soit promulguée auront trois ans pour faire une reconnaissance et établir la filiation de l'enfant. Le projet de loi prévoit également une reconnaissance, sous conditions, de la filiation d'enfants nés à l'étranger de gestation pour autrui (GPA), même si la GPA reste donc interdite en France.

La congélation des ovocytes ou des spermatozoïdes sera possible, y compris sans raison médicale particulière. Le prélèvement de ces gamètes pourra être pris en charge par la Sécurité sociale, mais devra se dérouler dans une structure agréée (publique ou privée accréditée). La conservation des gamètes restera toutefois à la charge du bénéficiaire.

La recherche médicale sur les embryons et les cellules souches embryonnaires est encadrée. Les scientifiques devront obligatoirement faire valider leur protocole à l'Agence de la biomédecine et les embryons manipulés ne pourront pas être transférés à des fins de gestation. Par ailleurs, la modification d'un embryon humain par adjonction de cellules provenant d'autres espèces est interdite alors que l'inverse sera autorisé.

La semaine de réflexion imposée actuellement pour une interruption médicale de grossesse (IMG) est supprimée et une nouvelle catégorie d'avortement est créée, à savoir l'interruption volontaire partielle de grossesse en cas de mise en péril de la santé de la femme, des embryons ou des fœtus. Une telle intervention sera désormais autorisée jusqu'à la fin de la douzième semaine de grossesse, après consultation d'une équipe pluridisciplinaire.

Les critères de sélection des donneurs ne peuvent être fondés sur aucune différence de traitement, notamment en ce qui concerne le sexe des partenaires avec lesquels les donneurs auraient entretenu des relations sexuelles. Il ouvre ainsi la possibilité, pour les hommes homosexuels, de donner leur sang, sans avoir à se soumettre à la contrainte d'abstinence sexuelle de quatre mois, précédemment en vigueur.

Enfin, il s'agit de garantir aux personnes faisant don de leur corps à la science ou à la recherche médicale que celui-ci sera traité avec respect afin d'obliger les établissements de santé, de formation ou de recherche à s'engager à apporter respect et dignité aux corps qui leur sont confiés. Dans cette perspective, les établissements devront être titulaires d'une autorisation ministérielle pour utiliser le corps d'une personne décédée à des fins d'enseignement médical et de recherche.

IV. Contrôle de constitutionnalité de la loi relative à la bioéthique

Suite à sa saisine, le 2 juillet 2021, d'un recours par plus de soixante députés dans le cadre de son contrôle de constitutionnalité des lois ordinaires portant sur les articles 3, 5, 20, 23 et 25 de la loi relative à la bioéthique, par une décision n° 2021-821 DC du 29 juillet 2021, le Conseil constitutionnel a validé plusieurs dispositions de la loi relative à la bioéthique, en confirmant que l'interdiction légale des pratiques eugéniques tend à assurer le principe constitutionnel de sauvegarde de la dignité humaine. Par ailleurs, il n'a soulevé d'office aucune question de conformité à la Constitution et ne s'est donc pas prononcé sur la constitutionnalité des autres dispositions que celles examinées dans sa décision du 29 juillet 2021.

V. Convention sur les droits de l'homme et la biomédecine

La France a ratifié, le 13 décembre 2011, le traité n° 164 portant convention pour la protection des droits de l'homme et de la dignité de l'être humain à l'égard des applications de la biologie et de la médecine : Convention sur les droits de l'homme et la biomédecine dite « Convention d'Oviedo » (Espagne), adoptée le 4 avril 1997, qui est entrée en vigueur le 1er avril 2012.

La France a, toutefois, consigné des réserves dans l'instrument de ratification déposé le 13 décembre 2011. En effet, elle applique la dérogation prévue à l'article 20.2 autorisant, à titre exceptionnel, le prélèvement de tissus régénérables sur les personnes n'ayant pas la capacité de consentir, aux personnes mineures non seulement lorsque le receveur est un frère ou une sœur du donneur mais également lorsque le receveur est un cousin ou une cousine germaine, un oncle ou une tante, un neveu ou une nièce.

Ainsi, le droit positif français en matière de bioéthique est moins restrictif que la Convention d'Oviedo. Il étend la possibilité du don de cellules-souches hématopoïétiques prélevées dans la moelle osseuse à d'autres niveaux de parentèle et autorise, en particulier, le prélèvement sur un mineur, au bénéfice non seulement des frères et sœurs mais également au bénéfice des cousins ou cousines, des oncles ou tantes, des neveux ou nièces. Cette extension, qui ne remet pas fondamentalement en cause le principe posé à l'article 20 de la Convention, est apparue justifiée au législateur français d'un point de vue médical (risque bénin pour le donneur mais bénéfice important pour le receveur) d'autant que des garanties éthiques et de protection du donneur supplémentaires sont prévues dans le dispositif.

VI. Corpus juridique de référence

– Convention pour la protection des droits de l'homme et de la dignité de l'être humain à l'égard des applications de la biologie et de la médecine : Convention sur les droits de l'homme et la biomédecine dite « Convention d'Oviedo » (Espagne) adoptée le 4 avril 1997 et entrée en vigueur le 1er avril 2012

– Déclaration universelle sur le génome humain et les droits de l'homme, Unesco, 11 nov. 1997

– Déclaration internationale sur les données génétiques humaines, Unesco, 16 oct. 2003

– Déclaration universelle sur la bioéthique et les droits de l'homme, Unesco, 19 oct. 2005

– Cons. const., 27 juill. 1994, n° 94-343/344 DC, Loi relative au respect du corps humain et loi relative au don et à l'utilisation des éléments et produits du corps humain, à l'assistance médicale à la procréation et au diagnostic prénatal

– Cons. const., 29 juill. 2004, n° 2004-498 DC, Loi relative à la bioéthique

– Cons. const., 1er août 2013, nº 2013-674 DC, Loi tendant à modifier la loi nº 2011-814 du 7 juillet 2011 relative à la bioéthique en autorisant sous certaines conditions la recherche sur l'embryon et les cellules-souches embryonnaires

– Cons. const., 29 juillet 2021, nº 2021-821 DC, Loi relative à la bioéthique

– Loi nº 94-548 du 1er juillet 1994 relative au traitement de données nominatives ayant pour fin la recherche dans le domaine de la santé et modifiant la loi nº 78-17 du 6 janvier 1978 relative à l'informatique, aux fichiers et aux libertés

– Loi nº 94-653 du 29 juillet 1994 relative au respect du corps humain

– Loi nº 94-654 du 29 juillet 1994 relative au don et à l'utilisation des éléments et produits du corps humain, à l'assistance médicale à la procréation et au diagnostic prénatal

– Loi nº 2004-800 du 6 août 2004 relative à la bioéthique du 6 août 2004

– Loi nº 2011-814 du 7 juillet 2011 relative à la bioéthique

– Loi nº 2021-1017 du 2 août 2021 relative à la bioéthique

– CE, CHR, 17 avr. 2019, *M. et Mme C.,* nº 420468,

– CE, ass. gén., avis, 18 juill. 2019, *Projet de loi relatif à la bioéthique,* nº 397993

– Cass. 1re civ., 4 nov. 2020, nº 19-15739 ; Cass. 1re civ., 4 nov. 2020, nº 19-50042 (Admission de l'adoption plénière par le conjoint du père biologique d'enfants nés d'une gestation pour autrui à l'étranger, en présence d'actes de naissance, conformes à la loi de l'État d'établissement, ne faisant pas mention de la filiation maternelle)

VII. Exemples de questions sur le thème de la bioéthique

– Qu'est-ce que la bioéthique ?

– Qu'est-ce que le droit bioéthique ?

– Faites-nous un bref rappel historique des lois fondatrices de la bioéthique en droit français.

– À votre avis, qu'est-ce qui rend nécessaire la révision régulière des lois de bioéthique en droit français ?

– Quelle est la périodicité du nouvel examen de la loi de bioéthique par le Parlement ?

– Quelles sont les spécificités des lois de bioéthique en France ?

– Quelles sont les questions posées aujourd'hui dans le cadre de la révision de la loi de bioéthique en France ?

– Qu'est-ce que prévoyait le projet de loi relatif à la bioéthique déposé par le gouvernement en juillet 2019 en matière de procréation médicalement assistée ?

– Sur quels points du projet de loi relatif à la bioéthique a porté l'avis consultatif rendu par le Conseil d'État le 18 juillet 2019, à la demande du gouvernement ?

– Que pensez-vous de l'avis consultatif rendu par le Conseil d'État le 18 juillet 2019 sur le projet de loi relatif à la bioéthique à la demande du gouvernement ?

– Pourquoi la gestation pour autrui demeure-t-elle interdite dans la loi relative à la bioéthique ?

– Quels sont les nouveaux droits accordés par la loi relative à la bioéthique aux enfants nés de dons de sperme ou de gamètes ?

– Quelle est l'innovation de la loi relative à la bioéthique en matière de filiation des enfants nés d'une procréation médicalement assistée dans un couple de femmes ?

– À combien la prise en charge par la solidarité nationale de l'accès à l'assistance médicale à la procréation des couples de femmes et des femmes non mariées a-t-elle été évaluée par an par l'étude d'impact du gouvernement ? Quelle part du coût total actuel de l'assistance médicale à la procréation représente-elle ?

– La France a-t-elle ratifié la Convention sur les droits de l'homme et la biomédecine dite « Convention d'Oviedo » (Espagne), adoptée le 4 avril 1997 ?

– Quelles sont les réserves émises par la France lors de la ratification de la Convention sur les droits de l'homme et la biomédecine ?

– Quelles sont les principales évolutions du projet de loi relatif à la bioéthique adopté en dernière lecture par l'Assemblée nationale, le 29 juin 2021 ?

– Dans son contrôle de certaines dispositions de la loi relatif à la bioéthique, le Conseil constitutionnel a-t-il confirmé l'interdiction légale des pratiques eugéniques ?

5 août 2021 : Loi relative à la gestion de la crise sanitaire

Le Conseil constitutionnel a partiellement censuré la loi relative à la gestion de la crise sanitaire.

Dans sa décision n° 2021-824 DC du 5 août 2021, le Conseil constitutionnel a admis la conformité à la Constitution des dispositions concernant le « passe sanitaire » et censuré les dispositions de la loi relative à la gestion de la crise sanitaire organisant la rupture anticipée de certains contrats de travail (CDD et intérim) et le placement « automatique » à l'isolement, qu'il juge contraire à la Constitution.

Cette loi prévoit l'obligation vaccinale des soignants. En ce qui concerne l'état d'urgence sanitaire, la période transitoire faisant suite au deuxième état d'urgence est prolongée jusqu'au 15 novembre 2021, l'état d'urgence est prolongé jusqu'au 30 septembre 2021 en Martinique et à La Réunion, l'état d'urgence est déclaré en Guadeloupe, à Saint-Barthélemy et à Saint-Martin à compter du lendemain de la publication de la loi et jusqu'au 30 septembre 2021, si l'état d'urgence sanitaire est déclaré à Mayotte avant la fin août, il sera applicable jusqu'au 30 septembre 2021.

Il appartient au législateur d'assurer la conciliation entre l'objectif de valeur constitutionnelle de protection de la santé et le respect des droits et libertés constitutionnellement garantis.

La loi relative à la gestion de la crise sanitaire est de nouveau l'occasion d'observer la conciliation entre plusieurs libertés fondamentales, et notamment la liberté d'aller et de venir, du droit au respect de la vie privée et du droit d'expression collective des idées et des opinions, de la liberté d'entreprendre, de la liberté individuelle, du principe d'égalité et le respect de l'ordre public.

I. Notion d'ordre public en temps normal

En droit positif, c'est l'article L. 2212-2 du CGCT qui pose la définition traditionnelle de l'ordre public, en reprenant les dispositions de la loi municipale du 5 avril 1884, qui prévoit notamment que : « La police municipale a pour objet d'assurer le bon ordre, la sûreté, la sécurité et la salubrité publiques ».

> **Art. L. 2212-2 du CGCT** : La police municipale a pour objet d'assurer le bon ordre, la sûreté, la sécurité et la salubrité publiques. Elle comprend notamment : 1° Tout ce qui intéresse la sûreté et la commodité du passage dans les rues, quais, places et voies publiques, ce qui comprend le nettoiement, l'éclairage, l'enlèvement des encombrements, la démolition ou la réparation des édifices et monuments funéraires menaçant ruine, l'interdiction de ne rien exposer aux fenêtres ou autres parties des édifices qui puisse nuire par sa chute ou celle de ne rien jeter qui puisse endommager les passants ou causer des exhalaisons nuisibles ainsi que le soin de réprimer les dépôts, déversements, déjections, projections de toute matière ou objet de nature à nuire, en quelque manière que ce soit, à la sûreté ou à la commodité du passage ou à la propreté des voies susmentionnées ; 2° Le soin de réprimer les atteintes à la tranquillité publique telles que les rixes et disputes accompagnées d'ameutement dans les rues, le tumulte excité dans les lieux d'assemblée publique, les attroupements, les bruits, les troubles de voisinage, les rassemblements nocturnes qui troublent le repos des habitants et tous actes de nature à compromettre la tranquillité publique ; 3° Le maintien du bon ordre dans les endroits où il se fait de grands rassemblements d'hommes, tels que les foires, marchés, réjouissances et cérémonies publiques, spectacles, jeux, cafés, églises et autres lieux publics ; 4° L'inspection sur la fidélité du débit des denrées qui se vendent au poids ou à la mesure et sur la salubrité des comestibles exposés en vue de la vente ; 5° Le soin de prévenir, par des précautions convenables, et de faire cesser, par la distribution des secours nécessaires, les accidents et les fléaux calamiteux ainsi que les pollutions de toute nature, tels que les incendies, les inondations, les ruptures de digues, les éboulements de terre ou de rochers, les avalanches ou autres accidents naturels, les maladies épidémiques ou contagieuses, les épizooties, de pourvoir d'urgence à toutes les mesures d'assistance et de secours et, s'il y a lieu, de provoquer l'intervention de l'administration supérieure ; 6° Le soin de

prendre provisoirement les mesures nécessaires contre les personnes atteintes de troubles mentaux dont l'état pourrait compromettre la morale publique, la sécurité des personnes ou la conservation des propriétés ; 7° Le soin d'obvier ou de remédier aux événements fâcheux qui pourraient être occasionnés par la divagation des animaux malfaisants ou féroces.

La notion d'ordre public s'est ensuite développée par voie jurisprudentielle en intégrant la moralité publique (CE, sect., 18 déc. 1959, *Société Les films Lutétia et Syndicat français des producteurs et exportateurs de films*, n° 36385, 36428), puis la dignité de la personne humaine (CE, ass., 27 oct. 1995, *Commune de Morsang-sur-Orge*, n° 136727 ; CE, 3 déc. 2010, *Mme S.*, n° 334683 ; CE, juge des référés, 9 janv. 2014, *ministre de l'Intérieur c. Société Les Productions de la Plume et M. M.*, n° 374508).

Les pouvoirs de police sont, en fait, étroitement délimités comme l'indiquait déjà le commissaire du gouvernement Corneille, dans ses conclusions sur l'affaire *Baldy*, jugée le 17 août 1917 : « (...) la liberté est la règle et la restriction de police l'exception ». Cette formule a directement inspiré la jurisprudence ultérieure et elle conserve une pleine actualité. Elle fonde le raisonnement selon lequel une mesure d'interdiction n'est légale que si elle est nécessaire.

En matière de réunion, les garanties sont encore plus fortes puisque, selon les principes posés par l'arrêt *Benjamin* (CE, 19 mai 1933, *Benjamin et Syndicat d'initiative de Nevers*, n° 17413, 17520), l'autorité de police doit s'assurer, avant une éventuelle interdiction, qu'elle ne dispose pas des moyens de permettre à la liberté de s'exercer en prenant des précautions de nature à sauvegarder l'ordre public.

Dans sa décision sur la « Loi sécurité et liberté » des 19 et 20 janvier 1981, le Conseil constitutionnel a élevé au rang d'objectif à valeur constitutionnelle la sauvegarde de l'ordre public en précisant que la liberté individuelle et celle d'aller et venir doivent être conciliées avec « ce qui est nécessaire pour la sauvegarde des fins d'intérêt général ayant valeur constitutionnelle » comme le maintien de l'ordre public.

II. Le contrôle du juge administratif

A. Les degrés de contrôle du juge administratif

La nature du contrôle du juge administratif peut être différente en fonction de la nature du contentieux à juger.

Les pouvoirs de contrôle du juge administratif peuvent être présentés de façon croissante en évoquant un contrôle minimum ou minimal (CE, 29 juin 1988, Mme X, n° 58265, 58400 ; CE, 6 déc. 1968, *ministre des Armées c. X*, n° 74627), un contrôle restreint ou contrôle de l'erreur manifeste d'appréciation ou EMA (CE, 14 nov. 1980, *ministre de la Défense c. Mme T.*, n° 13084), un contrôle normal ou contrôle de l'erreur d'appréciation (CE, 27 janv. 1992, *ministre de l'Intérieur c. C.*, n° 89074), un contrôle de la proportionnalité, en matière de police administrative générale, par exemple (CE, 19 mai 1933, Benjamin et syndicat d'initiative de Nevers, *op. cit.* ; CE, 6 févr. 2015, *Commune de Cournon d'Auvergne*, n° 387726) et un contrôle bilan coût-avantage ou « théorie du bilan » (CE, ass., 28 mai 1971, *Fédération de défense des personnes concernées par le projet actuellement dénommé Ville Nouvelle Est*, n° 78825).

À noter que le degré de contrôle du juge administratif peut évoluer dans un type de contentieux et le renforcement des pouvoirs du juge s'opère dans le cadre de son office dès lors que la nature du contrôle lui confère un pouvoir accru. Il en est ainsi quand la nature de son contrôle évolue d'un contrôle de l'erreur manifeste d'appréciation (contrôle restreint) vers un contrôle de l'erreur d'appréciation (contrôle normal). Tel a été le cas en matière de sanction disciplinaire des fonctionnaires et agents publics.

En effet, le juge de l'excès de pouvoir a exercé pendant longtemps un contrôle restreint dans cette matière (CE, sect., 9 juin 1978, *M. X.*, n° 5911) avant que le Conseil d'État opère un revirement de jurisprudence, en novembre 2013, en jugeant que le juge de l'excès de pouvoir exerce dorénavant un contrôle normal sur les questions de savoir si les faits reprochés à un agent public constituent des fautes de nature à justifier une sanction et si la sanction retenue est proportionnée à la gravité de ces fautes (CE, ass. 13 nov. 2013, *D.*, n° 347704).

B. Le juge administratif procède à un contrôle de proportionnalité sur les mesures de police générale

Le Conseil d'État a jugé le 12 mars 1968, dans l'affaire *ministre de l'Intérieur c. Époux L.*, n° 72053, que l'interdiction absolue des photographes-filmeurs était légale eu égard à ce que l'activité des intéressés présentait, pour le maintien de l'ordre, des dangers auxquels il n'était pas possible de remédier par une mesure moins contraignante. En l'espèce, le préfet de la Manche avait interdit l'activité des photographes-filmeurs, pendant la saison touristique, sur la portion de route nationale conduisant au Mont-Saint-Michel, ainsi que sur les aires de stationnement aménagées de part et d'autre de cette route. Le Conseil d'État a rappelé les limites de cette interdiction dans l'affaire qu'il a jugée le 7 juillet 1993, n° 139329, relative à un arrêté municipal interdisant la vente, de 22 heures à 6 heures du matin, à une boulangerie-croissanterie, afin de lutter contre le bruit provoqué par l'afflux des clients au cours de la nuit. D'une part, la vente des produits de la boulangerie-croissanterie n'était pas directement à l'origine des bruits que le maire entendait prévenir, mais il n'était pas contesté que les clients qui venaient au cours de la nuit étaient particulièrement bruyants et que leur passage troublait le repos des habitants. Dès lors, aucun texte ni aucun principe ne s'opposait à ce que le maire prît une mesure d'interdiction à l'égard d'une activité qui était à la source des troubles que la loi lui fait obligation de réprimer. D'autre part, l'interdiction attaquée ne présentait pas le caractère d'une interdiction générale et absolue et l'objectif visé par le maire ne pouvait être atteint par une mesure moins contraignante.

Dans l'arrêt Benjamin du 19 mai 1933, le Conseil d'État, tout en déclarant, en l'espèce, illégale la mesure prise par le maire de Nevers, admet dans son principe le pouvoir pour l'autorité municipale d'interdire une réunion dangereuse pour l'ordre public. Cette décision est souvent regardée comme un arrêt d'inspiration libérale, par les limites étroites dans lesquelles elle enferme les pouvoirs de police. Pour une illustration récente, voir l'ordonnance du juge des référés du Conseil d'État du 7 mars 2011, *École normale supérieure*, n° 347171.

Face à une mesure qui restreint les libertés fondamentales dans un objectif préventif, le juge administratif exerce un contrôle de proportionnalité consistant à vérifier que cette atteinte est adaptée, nécessaire et proportionnée au motif légitime poursuivi (CE, 19 mai 1933, *Benjamin et syndicat d'initiative de Nevers, op. cit.* ; CE, ass., 22 juin 1951, *Daudignac*, nº 00590).

À noter que le Conseil d'État a approfondi les modalités de son contrôle sur de nombreuses polices spéciales pour lesquelles il n'exerçait auparavant qu'un contrôle restreint. C'est le cas en matière de police des étrangers dès lors que l'application des stipulations de l'article 8 de la Convention EDH l'a conduit à procéder à un contrôle de proportionnalité (CE, ass., 19 avr. 1991, *B.*, nº 107470 ; CE, ass., 19 avr. 1991, *M. B.*, nº 117680). Le juge administratif met ainsi en balance, d'une part, le but de la mesure contestée et, d'autre part, les atteintes qu'elle cause au droit de l'étranger à mener une vie privée et familiale. En cas d'atteinte disproportionnée à ce droit, la mesure de police des étrangers contestée (décision de refus de titre de séjour, arrêté d'expulsion, par exemple) pourra être annulée par le juge.

C. Pouvoirs du juge administratif en matière de procédures d'urgence

Le juge administratif peut faire cesser rapidement toute illégalité en matière d'ordre public depuis la mise en place du référé « liberté » en application de l'article L. 521-2 du CJA et du référé « suspension », en vertu de l'article L. 521-1 du même code, par la loi du 30 juin 2000 modifiée relative au référé devant les juridictions administratives.

Par une ordonnance nº 439674 du 22 mars 2020, le juge des référés du Conseil d'État, statuant dans les conditions prévues au troisième alinéa de l'article L. 511-2 du CJA (référé-liberté), c'est-à-dire avec le président de la section du contentieux, a enjoint au Premier ministre et au ministre de la Santé, de prendre dans les quarante-huit heures les mesures suivantes : préciser la portée de la dérogation au confinement pour raison de santé ; réexaminer le maintien de la dérogation pour « déplacements brefs, à proximité du domicile » compte tenu des enjeux majeurs de santé publique et de la consigne de confinement et évaluer les risques pour la santé publique du maintien en fonctionnement des marchés ouverts, compte tenu de leur taille et de leur niveau de fréquentation.

D'autres ordonnances rendues par le juge des référés du Conseil d'État, sur le fondement de l'article L. 521-2 du CJA, méritent d'être signalées dans le cadre de l'état d'urgence sanitaire provoqué par la Covid-19. La première concerne l'incertitude sur le risque sanitaire qui interdit, en principe, la reconnaissance d'une atteinte grave et manifestement illégale à une liberté fondamentale (CE, juge des référés, 4 avr. 2020, *Centre hospitalier universitaire de la Guadeloupe*, n° 439904). La deuxième est relative à l'impossibilité d'invoquer d'hypothétiques atteintes futures à une liberté fondamentale pour obtenir du juge des référés des mesures (CE, juge des référés, 4 avr. 2020, *Mme E. et autres*, n° 439816). La troisième porte sur les dérogations aux procédures devant le juge administratif qui ne portent pas d'atteinte grave et manifestent illégale aux libertés fondamentales (CE, juge des référés, 10 avr. 2020, *Syndicat des avocats de France*, n° 439903).

À retenir que près de 70 % des décisions rendues par le juge des référés du Conseil d'État, en 2020, étaient relatives à des mesures prises pour lutter contre l'épidémie de Covid-19 et cela représente six fois plus de décisions jugées en urgence qu'en 2019. À titre d'illustration, le juge des référés du Conseil d'État (référé-suspension, art. L. 521-1 du CJA, référé-liberté, art. L. 521-2 du CJA, et autres référés) a rendu, en premier ressort, 152 décisions en 2019 contre 972 en 2020 (Rapport public annuel 2020 du Conseil d'État, p. 37).

III. Fondamentaux à connaître sur les titulaires de la police administrative

A. Distinction police administrative et police judiciaire

La police judiciaire tend à constater les infractions à la loi pénale, à en rassembler les preuves et à en rechercher les auteurs et relève, dans ce cas, de l'ordre judiciaire, et du juge judiciaire par voie de conséquence, dans l'éventualité d'un contentieux, en la matière. La compétence est donc déterminée par l'objet de l'opération de police ou selon un critère finaliste (CE, sect., 10 mars 1978, *Société Le Profil*, n° 2496).

La police administrative tend à assurer préventivement le respect de l'ordre public ou à le rétablir par des mesures non répressives. La police administrative est donc en charge du maintien de l'ordre public et relève, à ce titre, de l'ordre administratif, et du juge administratif par voie de conséquence, en cas de contentieux.

Un but préventif de protection de l'ordre public relève du juge administratif alors que si l'activité est en lien avec la recherche d'un délit ou d'un crime déterminé, elle relève du juge judiciaire. Telle est la théorie consacrée par les décisions de principe du Conseil d'État (CE, sect., 11 mai 1951, *Consorts B.*) et du Conseil constitutionnel (T. confl., 7 juin 1951, *Dame N.*) à partir de la répartition des compétences entre les deux ordres de juridiction pour les dommages causés par les forces de l'ordre.

B. Distinction police administrative générale et police administrative spéciale

L'exercice du pouvoir de police administrative se caractérise par des mesures de nature réglementaire ou individuelle, unilatérales, et d'une grande diversité à l'instar des autorisations administratives préalables, des déclarations préalables mais aussi des obligations de faire ou de ne pas faire, des restrictions apportées à une activité, accès ou conditions d'utilisation du domaine public.

Les titulaires de la police administrative agissent soit dans le cadre d'une police administrative générale ou d'une police administrative spéciale.

Les mesures de police administrative générale visent la protection de l'ordre public sur un territoire donné alors que la police administrative spéciale possède un champ plus spécifique, soit parce qu'elle s'exerce en un lieu déterminé (police des marchés d'intérêt national, par ex.), soit parce qu'elle concerne une activité particulière (police de la navigation aérienne, par ex.), soit parce qu'elle comporte la protection d'un intérêt public spécifique (la préservation des espèces, par ex., s'agissant de la police de la chasse), étant précisé que ces spécificités peuvent se combiner entre elles.

C. Les titulaires de la police administrative générale

En premier lieu, lorsqu'apparaissent au niveau national des risques avérés de troubles à l'ordre public, l'obligation d'édicter des mesures de police pèse sur le Premier ministre, au titre des attributions de police générale qu'il exerce en vertu de ses pouvoirs propres et en dehors de toute habilitation législative (Cons. const., 20 juill. 2000, n° 2000-434 DC, Loi relative à la chasse). La jurisprudence du Conseil d'État a consacré dès 1919 le pouvoir réglementaire autonome du chef de l'État puis du chef du gouvernement (CE, 8 août 1919, *Labonne*, n° 56377). À cette occasion, le Conseil d'État a jugé qu'il appartient au chef de l'État, en dehors de toute délégation législative, de déterminer les mesures de police applicables à tout le territoire, à raison du danger que présente, pour les passants, la circulation automobile, les autorités locales conservant compétence pour ajouter à la réglementation générale les mesures que commande l'intérêt des habitants de chaque localité et que si le chef de l'État a pu valablement exiger de tout conducteur l'obligation d'obtenir un certificat de capacité de l'autorité administrative, il s'ensuit nécessairement qu'il pouvait confier à la même autorité le soin de retirer le certificat en cas de manquement grave aux règlements. Plus récemment, le Conseil d'État a jugé qu'il appartient au Premier ministre, en vertu de ses pouvoirs propres, d'édicter les mesures de police applicables à l'ensemble du territoire et qu'il lui est loisible, dans l'exercice de cette compétence, de fixer sur le territoire national des limites de vitesse de circulation différentes applicables à des types de voies distincts. Les règles ainsi fixées par le Premier ministre n'ont ni pour objet ni pour effet de priver les autorités de police dont relèvent les voies concernées du pouvoir de fixer des limites plus strictes en fonction de circonstances locales particulières. En l'espèce, était en question la fixation par le Premier ministre de la limite de vitesse applicable au boulevard périphérique de Paris à 70 km/h alors que la limite prévue par les deux premiers alinéas de l'article R. 413-3 du Code de la route pour les autres voies situées en agglomération est de 50 km/h, sauf décision de l'autorité de police locale pour relever cette limite jusqu'à 70 km/h. Le Conseil d'État a jugé que le Premier ministre n'a pas excédé ses pouvoirs ni méconnu la compétence des autorités locales de police en fixant pour le boulevard périphérique parisien cette règle de vitesse différente de celles prévues aux deux premiers alinéas de l'article R. 413-3 du Code de la route (CE, 14 oct. 2015, *Automobile-club des avocats et autres*, n° 375027, 382372, 382380). Toutefois, si le chef du gouvernement exerce un pouvoir de police général sur l'ensemble du territoire en vertu de ses pouvoirs propres et en dehors de toute délégation, en application de la jurisprudence *Labonne*, les autres manifestations du pouvoir de police administratif général ou spécial ne peuvent résulter que de la loi (Cons. const., 20 févr. 1987, n° 87-149 DC, Nature juridique de dispositions du Code rural et de divers textes relatifs à la protection de la nature).

En deuxième lieu, le ministre de l'Intérieur possède également des prérogatives en matière de police administrative pour le maintien de l'ordre public ainsi que le président du conseil départemental qui peut prendre les mesures de police applicables à la circulation sur les routes départementales, hors agglomération.

En troisième lieu, la compétence du préfet comme autorité de police générale du département est issue explicitement des lois des 22 décembre 1789 et 8 janvier 1790 qui ont été confirmées par l'article 99 de la loi du 5 avril 1884, devenu article 107 du Code de l'administration communale puis L. 131-13 Code des communes), selon lequel « Les pouvoirs qui appartiennent au maire (…) ne font pas obstacle au droit du préfet de prendre, pour toutes les communes du département ou plusieurs d'entre elles, et dans les cas où il n'y aurait pas été pourvu par les autorités municipales, toutes mesures relatives au maintien de la salubrité, de la sûreté et de la tranquillité publiques ». Le préfet est donc tenu d'exercer ses pouvoirs dans le respect de ceux dorénavant attribués au maire (CE, 27 nov. 1974, *Dame B.*, n° 93691). Les lois de décentralisation, et notamment la loi n° 82-213 du 2 mars 1982, n'ont pas remis en cause cette répartition des compétences de police aujourd'hui codifiée à l'article L. 2215-1 du CGCT qui prévoit un pouvoir du préfet qui peut être qualifié de subsidiaire, en son 1°, puisqu'il ne peut agir qu'en cas de carence du maire. En son 2°, est institué un pouvoir que l'on pourrait qualifier de substitution lorsque le maintien de l'ordre est menacé dans deux ou plusieurs communes limitrophes du fait principalement de manifestations ou pour la police des baignades et des activités nautiques. Le 3° prévoit que le préfet est seul compétent pour prendre des mesures relatives à l'ordre, la sûreté, la sécurité et la salubrité publiques dont le champ d'application excède le territoire d'une commune en y retrouvant une compétence générale. Enfin, le 4° lui confère un pouvoir de réquisition. D'autres dispositions ponctuelles peuvent étendre le pouvoir subsidiaire ou de substitution du préfet, et notamment l'article L. 2215-3 du CGCT pour interdire l'accès de certaines voies ou l'article L. 2213-7 du même Code pour l'inhumation des personnes décédées.

En quatrième et dernier lieu, depuis la loi du 5 avril 1884, le maire est investi d'une compétence de police générale dans sa commune qui se retrouve aujourd'hui aux articles L. 2211-1, L. 2212-1 et suivants du CGCT. Il peut donc agir toutes les fois qu'une autre autorité n'est pas expressément investie pour garantir localement l'ordre public. Toutefois, l'existence d'une police spéciale ne fait pas obstacle à l'exercice du pouvoir de police général même lorsque ces polices interviennent sur le même sujet dès lors qu'elles poursuivent des objectifs différents (CE, sect., 20 juill. 1971, *Sieur M. et autres*, n° 75613). Enfin, aux termes de l'article L. 2212-1 du CGCT, le maire est chargé, sous le contrôle administratif du représentant de l'État dans le département, de la police municipale, de la police rurale et de l'exécution des actes de l'État qui y sont relatifs.

D. Les polices administratives spéciales

Les polices spéciales s'appliquent à des catégories particulières de personnes physiques ou d'activités comme la chasse, la pêche ou les édifices menaçant ruine.

En réponse à des questions écrites n° 095035 et n° 09713, publiées au JO du Sénat du 21 mars 2019, p. 1506 et du 28 mars 2019, p. 1628, de sénateurs qui demandaient au ministre de l'Intérieur, dans le cas d'un immeuble comportant en rez-de-chaussée une boulangerie ayant provoqué un incendie ayant endommagé les deux étages supérieurs affectés à la location, si le maire peut, sur le seul fondement de ses pouvoirs de police générale, interdire toute occupation de cet immeuble ou s'il doit faire usage des pouvoirs de police spéciale des immeubles en péril, le ministère de la Cohésion des territoires et des Relations avec les collectivités territoriales a répondu qu'en matière de péril, aux termes de l'article L. 2213-24 du CGCT, il appartient au maire de prescrire « la réparation ou la démolition des murs, bâtiments, édifices ou monuments funéraires menaçant ruine dans les conditions prévues aux articles L. 511-1 à L. 511-4-1 du CCH ». L'article L. 511-2 du

CCH prévoit notamment que « si l'état du bâtiment, ou d'une de ses parties, ne permet pas de garantir la sécurité des occupants, le maire peut assortir l'arrêté de péril d'une interdiction d'habiter et d'utiliser les lieux qui peut être temporaire ou définitive ». En cas de péril imminent, l'article L. 511-3 du même code permet également au maire d'ordonner l'évacuation de l'immeuble. À cet égard, le maire ne saurait mettre en œuvre ses pouvoirs de police administrative générale qu'il tire des articles L. 2212-2 et L. 2212-4 du CGCT. Le recours à ses pouvoirs de police administrative générale doit en effet être réservé à des situations strictement encadrées dans la mesure où il n'emporte pas l'application des garanties et des procédures de police spéciale prévues par le Code de la construction et de l'habitation en matière de bâtiments menaçant ruine. Toutefois, la jurisprudence considère qu'en présence d'une situation d'extrême urgence créant un péril particulièrement grave et imminent, le maire peut, quelle que soit la cause du danger, faire légalement usage de ses pouvoirs de police administrative générale, et notamment prescrire l'exécution des mesures de sécurité qui sont nécessaires et appropriées (CE, 10 oct. 2005, *Commune de Badinières*, n° 259205). Cela peut comprendre l'évacuation de l'immeuble s'il présente un danger pour la sécurité des occupants (réponses publiées au JO du Sénat du 23 mai 2019, p. 2745 et du 27 sept. 2019, p. 4859).

IV. Corpus juridique de référence

– Constitution française du 4 octobre 1958

– CGCT, notamment art. L. 2212-2

– CJA, notamment art. L. 521-1 et L. 521-2

– Cons. const., 20 janv. 1981, n° 80-127 DC, Loi renforçant la sécurité et protégeant la liberté des personnes

– Cons. const., 20 juill. 2000, n° 2000-434 DC, Loi relative à la chasse

– Cons. const., 5 août 2021, n° 2021-824 DC, Loi relative à la gestion de la crise sanitaire

– T. confl., 7 juin 1951, *Dame N.*, n° 01187

– Loi n° 2000-597 du 30 juin 2000 relative au référé devant les juridictions administratives

– Loi n° 2021-1040 du 5 août 2021 relative à la gestion de la crise sanitaire

– Décret n° 2021-699 du 1er juin 2021 prescrivant les mesures générales nécessaires à la gestion de la sortie de crise sanitaire

– Décret n° 2021-955 du 19 juillet 2021 modifiant le décret n° 2021-699 du 1er juin 2021 prescrivant les mesures générales nécessaires à la gestion de la sortie de crise sanitaire (Élargissement du passe sanitaire)

– CE, 8 août 1919, *Labonne*, n° 56377 (Pouvoir réglementaire autonome du chef de l'État puis du chef du gouvernement)

– CE, 19 mai 1933, *Benjamin et Syndicat d'initiative de Nevers*, n° 17413, 17520

– CE, sect., 18 déc. 1959, *Société Les films Lutétia et Syndicat français des producteurs et exportateurs de films*, n° 36385, 36428 (La moralité publique comme critère de l'ordre public)

– CE, 12 mars 1968, *ministre de l'Intérieur c. Époux L.*, n° 72053

– CE, sect., 11 mai 1951, *Consorts B.*

– CE, ass., 22 juin 1951, *Daudignac*, n° 00590

– CE, sect., 10 mars 1978, *Société Le Profil*, n° 2496

– CE, ass., 27 oct. 1995, *Commune de Morsang-sur-Orge*, n° 136727 (La dignité de la personne humaine comme critère de l'ordre public)

– CE, juge des référés, 7 mars 2001, *École normale supérieure*, n° 347171

– CE, 29 sept. 2003, *Houillères du bassin de Lorraine*, n° 218217 (Possibilité, en cas de péril imminent, d'un concours de la police générale du maire avec la police spéciale de l'État, en matière d'installations classées)

– CE, 2 déc. 2009, *Commune de Rachecourt-sur-Marne*, n° 309684 (En matière de police de l'eau)

– CE, 3 déc. 2010, *Mme S.*, n° 334683

– CE, ass., 26 oct. 2011, *Commune de Saint-Denis,* n° 326492 (Existence d'une police spéciale confiée à l'État qui exclut l'exercice, par le maire, de ses pouvoirs de police générale, en matière de télécommunications)

– CE, 24 sept. 2012, *Commune de Valence*, n° 342990 (Existence d'une police spéciale confiée à l'État qui exclut l'exercice, par le maire, de ses pouvoirs de police générale, en matière de dissémination volontaire d'OGM)

– CE, juge des référés, 9 janv. 2014, *ministre de l'Intérieur c. Société Les Productions de la Plume et M. M.*, n° 374508

– CE, 26 juin 2019, *Association Générations Futures et Association Eau et rivières de Bretagne*, n° 415426, 415431 (Le Conseil d'État a constaté la carence de l'État découlant de l'obligation pour l'autorité administrative de prendre les mesures nécessaires à la protection de la santé publique et de l'environnement)

– CE, juge des référés, 22 mars 2020, *Syndicat Jeunes Médecins*, n° 439674

– CE, juge des référés, 4 avr. 2020, *Mme E. et autres*, n° 439816

– CE, juge des référés, 4 avr. 2020, *Centre hospitalier universitaire de la Guadeloupe*, n° 439904

– CE, juge des référés, 10 avr. 2020, *Syndicat des avocats de France,* n° 439903

– CE, juge des référés, 17 avr. 2020, *Commune de Sceaux*, n° 440057, aux T.

– CE, juge des référés, 18 avr. 2020, *Fédération des travailleurs de la métallurgie*, n° 440012

– CE, juge des référés, 6 sept. 2020, *Bas-Rhin*, n° 443750 ; CE, ord., 6 sept. 2020, *Lyon, Villeurbanne*, n° 443751 (Les préfets peuvent imposer le port du masque sur l'ensemble d'une commune, voire d'un département, pour englober de façon cohérente les points du territoire caractérisés par une forte densité de personnes)

– CE, 31 déc. 2000, *Commune d'Arcueil*, n° 439253 ; CE, 31 déc. 2000, *Commune de Gennevilliers*, n° 440923 (Police spéciale des produits phytosanitaires et biocides confiés par le législateur aux autorités de l'État – absence de compétence de maires, au titre de leur pouvoir de police générale, d'édicter une réglementation portant sur les conditions générales d'utilisation des produits phytopharmaceutiques)

– CE, juge des référés, 3 mars 2021, *Mme B.*, n° 449759 (Suspension de l'interdiction générale et absolue de sortie des résidents d'EHPAD)

– CE, juge des référés, 6 juill. 2021, *La Quadrature du Net*, n° 453505 (Rejet d'une demande de suspension de l'exécution du dispositif intitulé « passe sanitaire »)

– CE, avis rendu public, 19 juill. 2021, *Projet de loi relatif à l'adaptation de nos outils de gestion à la crise sanitaire*, n° 403629

– CE, juge des référés, 19 juill. 2021, *Société des auteurs et compositeurs dramatiques et autres…*, n° 454643, 454689, 454690 (Rejet de la demande de suspendre l'exécution de la décision révélée par le Président de la République lors de son allocation du 12 juillet 2021 d'étendre dès le 21 juillet 2021 le « passe sanitaire » aux lieux de loisirs et de culture)

– CE, Rapport public annuel, *Activité juridictionnelle et consultative des juridictions administratives en 2020*, La Documentation française, juin 2021, 408 p.

V. Exemple de sujet avec son corrigé portant sur l'ordonnance du juge des référés du Conseil d'État nº 440057 du 17 avril 2020

Sujet : Commentez l'ordonnance du juge des référés du Conseil d'État nº 441265 du 17 avril 2020

https://www.conseil-etat.fr/ressources/decisions-contentieuses/dernieres-decisions-importantes/conseil-d-etat-17-avril-2020-port-d-un-masque-de-protection-commune-de-de-sceaux

Introduction

Accroche : Par les articles L. 3131-12 à L. 3131-20 du CSP, le législateur a institué une police spéciale donnant aux autorités de l'État mentionnées aux articles L. 3131-15 à L. 3131-17 du même code la compétence pour édicter, dans le cadre de l'état d'urgence sanitaire, les mesures générales ou individuelles visant à mettre fin à une catastrophe sanitaire telle que l'épidémie de Covid-19, en vue, notamment, d'assurer, compte tenu des données scientifiques disponibles, leur cohérence et leur efficacité sur l'ensemble du territoire concerné et de les adapter en fonction de l'évolution de la situation.

Historique : Le maire de Sceaux a pris un arrêté imposant le port d'un masque grand public pour pouvoir circuler sur le territoire communal. La Ligue des droits de l'homme a alors demandé au juge des référés du tribunal administratif de Cergy-Pontoise, statuant sur le fondement de l'article L. 521-2 du CJA, d'ordonner la suspension de l'exécution de l'arrêté du 6 avril 2020 par lequel le maire de Sceaux a subordonné les déplacements dans l'espace public des personnes de plus de dix ans au port d'un dispositif de protection buccal et nasal. Par une ordonnance nº 2003905 du 9 avril 2020, le juge des référés du tribunal administratif de Cergy-Pontoise a fait droit à sa demande puis la commune de Sceaux a demandé au juge des référés du Conseil d'État, statuant sur le fondement de l'article L. 521-2 du CJA d'annuler cette ordonnance et de rejeter la demande présentée par la Ligue des droits de l'homme devant le tribunal administratif de Cergy-Pontoise. Le juge des référés du Conseil d'État a rejeté la requête de la commune de Sceaux en relevant qu'en laissant entendre qu'une protection couvrant la bouche et le nez peut constituer une protection efficace, quel que soit le procédé utilisé, que l'arrêté du maire de Sceaux est de nature à induire en erreur les personnes concernées et à introduire de la confusion dans les messages délivrés à la population par les autorités sanitaires.

Problématique : L'intérêt de cette ordonnance porte sur l'encadrement des pouvoirs de police du maire dans le cadre de l'état d'urgence sanitaire et précisément sur l'exercice de ses pouvoirs de police administrative générale pour lutter contre la crise sanitaire qui sont soumis à une double condition.

Annonce du plan

I. Articulation des pouvoirs de police administrative générale du maire avec la police administrative spéciale de l'état d'urgence sanitaire confiée à l'État (art. L. 3131-12 du CSP)

Annonce des deux sous-parties :

1.1. Pouvoirs de police administrative générale du maire (cf. II. C. *supra*).

1.2. Possibilité de prendre des mesures destinées à contribuer à la bonne application des mesures décidées par l'État

Les articles L. 2212-1 et L. 2212-2 du CGCT autorisent le maire, y compris en période d'état d'urgence sanitaire, à prendre les mesures de police administrative générale nécessaires au bon ordre, à la sûreté, à la sécurité et à la salubrité publiques dans sa commune.

Le maire peut, le cas échéant, à ce titre, prendre des dispositions destinées à contribuer à la bonne application, sur le territoire de la commune, des mesures décidées par les autorités compétentes de l'État, notamment en interdisant, au vu des circonstances locales, l'accès à des lieux où sont susceptibles de se produire des rassemblements.

Transition :

II. Possibilité pour le maire de prendre sous condition des mesures supplémentaires de lutte contre la catastrophe sanitaire

Annonce des deux sous-parties :

2.1. L'impossibilité de prendre des mesures supplémentaires de lutte contre la catastrophe

La police administrative spéciale instituée par le législateur fait obstacle, pendant la période où elle trouve à s'appliquer, à ce que le maire prenne au titre de son pouvoir de police générale des mesures destinées à lutter contre la catastrophe sanitaire.

2.2. La double condition permettant au maire de passer outre l'impossibilité de prendre des mesures supplémentaires de lutte contre la catastrophe

– La mesure prise doit être exigée pour des raisons impérieuses liées à des circonstances locales rendant son édiction indispensable ;

– Et à condition de ne pas compromettre, ce faisant, la cohérence et l'efficacité de celles prises dans ce but par les autorités compétentes de l'État.

Conclusion

Synthèse : Le maire de Sceaux ne peut imposer le port d'un masque de protection dans l'espace de sa commune durant la période de l'état d'urgence sanitaire.

Ouverture possible : soit le décret n° 2020-884 du 17 juillet 2020 modifiant le décret n° 2020-860 du 10 juillet 2020 prescrivant les mesures générales nécessaires pour faire face à l'épidémie de Covid-19 dans les territoires sortis de l'état d'urgence sanitaire et dans ceux où il a été prorogé rend le port du masque obligatoire pour toute personne de onze ans ou plus dans les magasins de ventes et centres commerciaux et dans les établissements de types administration, banque mais exclut les bureaux de cette obligation. Le port du masque est aussi obligatoire dans les marchés couverts ; soit CE, 24 sept. 2012, *Commune de Valence*, n° 342990 (Existence d'une police spéciale confiée à l'État qui exclut l'exercice, par le maire, de ses pouvoirs de police générale, en matière de dissémination volontaire d'OGM).

VI. Exemples de questions sur le thème de l'ordre public

– Êtes-vous pour ou contre l'obligation du « passe sanitaire » et pourquoi ?

– Faut-il imposer un bracelet électronique pour suivre les personnes placées en quarantaine ?

– À quelles libertés fondamentales porte atteinte le couvre-feu ?

– Le délit de violation du confinement est-il conforme à la Constitution ?

– L'autorité de police peut-elle utiliser des drones pour surveiller des manifestations sur la voie publique ?

– Définissez la notion d'ordre public en France.

– Quels sont les critères légaux et jurisprudentiels de l'ordre public en France ?

– Quelles sont les autorités en charge du maintien de l'ordre public en France ?

– Quelle est la nature du contrôle du juge administratif sur la légalité des décisions des autorités administratives en matière d'ordre public ?

– Que pensez-vous de cette phrase : « la liberté est la règle et la restriction de police l'exception » ?

– Donnez des exemples de mesures qui peuvent être prises par un maire dans le cadre de ses pouvoirs de police administrative générale ?

– Quelle est la différence entre la police administrative générale de la police administrative spéciale ?

– Le maire, en tant que responsable de l'ordre public sur le territoire de sa commune, ne peut-il que prendre des mesures de police générale sur le fondement du 5° de l'article L. 2212-1 du CGCT ?

– Dans quelles conditions, un maire peut-il s'immiscer dans l'exercice d'une police administrative spéciale ?

– L'état d'urgence sanitaire réduit-il le pouvoir de police administrative générale des maires ?

Pêle-mêle de questions-réponses

Le droit de libre circulation dans l'espace européen est-il une liberté fondamentale ?

Par une ordonnance n° 440449 du 2 juin 2020, *Ligue des droits de l'homme*, le juge des référés du Conseil d'État a jugé que le droit de libre circulation dans l'espace européen est une liberté fondamentale attachée en particulier à la qualité de citoyen européen et consacrée par plusieurs dispositions du droit de l'Union, tout particulièrement par les articles 20, 21, 45 du TFUE et par l'article 45 de la Charte fondamentale de l'UE, ainsi que par la jurisprudence de la CJUE. Ce droit et cette liberté se traduisent notamment, en principe, par l'absence de contrôle aux frontières intérieures de l'Union. Il est néanmoins prévu que ce droit s'exerce « dans les conditions et limites définies par les traités et par les mesures adoptées en application de ceux-ci » ainsi que le précise l'article 20 du TFUE.

La crise sanitaire peut-elle fonder l'instauration d'un couvre-feu dans de grandes métropoles ?

Par une décision du 23 octobre 2020, eu égard à la nette aggravation de la crise sanitaire, le juge des référés du Conseil d'État a considéré que le prononcé d'une mesure d'interdiction des déplacements des personnes hors de leur lieu de résidence entre 21 heures et 6 heures du matin, rendu possible par l'article 51 du décret du 16 octobre 2020 uniquement aux fins de lutter contre la propagation du virus et dans des zones préalablement identifiées par les autorités préfectorales dont le département est mentionné en annexe II du décret, est une mesure qui, en l'état de l'instruction, n'est pas manifestement injustifiée par la situation sanitaire spécifique qui prévaut dans le champ géographique délimité où elle est rendue possible (CE, juge des référés, 23 oct. 2020, *M. C. et autre*, n° 445430).

Question : La police nationale et la gendarmerie nationale peuvent-elles ficher les opinions politiques, les convictions religieuses ou encore l'appartenance syndicale ?

Par trois ordonnances du 4 janvier 2021, le juge des référés du Conseil d'État a rejeté les demandes de suspension de l'exécution des décrets n° 2020-1511, n° 2020-1512 et n° 2020-1515 du 2 décembre 2020 modifiant les dispositions du Code de la sécurité intérieure relatives successivement aux traitements de données à caractère personnel dénommés « Prévention des atteintes à la sécurité publique », « Gestion de l'information et prévention des atteintes à la sécurité publique » et « Enquêtes administratives liées à la sécurité publique ». Il estime que le moyen tiré de ce que le décret attaqué porterait une atteinte disproportionnée au droit au respect de la vie privée du caractère inadéquat et non pertinent des données collectées, du périmètre excessivement étendu de l'accès aux données et du caractère excessif de la durée de conservation des données n'est pas de nature, en l'état de l'instruction, à faire naître un doute sérieux sur la légalité du décret attaqué (CE, juges des référés, janv. 2021 ; *Confédération générale du travail et autres*, n° 447970 ; n° 447972 ; n° 447974).

Question : Est-il possible de se rendre chez son avocat même après 18 heures malgré le couvre-feu ?

Dans le cadre de l'état d'urgence sanitaire déclaré afin de faire face à la nouvelle progression de l'épidémie de Covid-19, tout déplacement de personne hors de son lieu de résidence était interdit entre 18 heures et 6 heures du matin, en application de l'article 4 du décret n° 2020-1310 du 29 octobre 2020, tel que modifié par les décrets n° 2020-1582 du 14 décembre 2020 et n° 2021-31 du 15 janvier 2021. Aucune des exceptions prévues à cette interdiction ne permettait spécifiquement aux personnes de se trouver hors de leur résidence pour se rendre chez un professionnel du droit ou un avocat. Saisi par l'Ordre des avocats du barreau de Montpellier, le juge des référés du Conseil d'État a jugé que les déplacements chez un professionnel du droit, et notamment un avocat, doivent être autorisés après 18 heures, estimant que l'absence de cette dérogation durant le couvre-feu porte une atteinte grave et manifestement illégale à la liberté fondamentale d'exercer un recours effectif devant une juridiction (CE, juge des référés, 3 mars 2021, *Ordre des avocats du barreau de Montpellier*, n° 449764).

Question : L'hébergement des données des rendez-vous de vaccination par la filiale d'une société américaine comporte-il des risques au regard de demandes d'accès par les autorités américaines et est-il compatible avec le RGPD ?

Dans le cadre de la campagne de vaccination contre la Covid-19, le ministère des solidarités et de la santé a confié la gestion des rendez-vous de vaccination sur Internet à différents prestataires, dont la société Doctolib. Pour les besoins de l'hébergement de ses données, la société Doctolib a recours à la société AWS Sarl, qui est une filiale de la société américaine Amazon Web Services Inc. Des associations et syndicats professionnels ont demandé au juge des référés du Conseil d'État de suspendre le partenariat conclu entre le ministère de la santé et Doctolib en estimant que l'hébergement des données des rendez-vous de vaccination par la filiale d'une société américaine comportait des risques au regard de demandes d'accès par les autorités américaines. Cette contestation s'inscrit dans la suite de l'arrêt « Schrems II » de la CJUE (CJUE, 16 juill. 2020, *Data Protection Commissioner c. Facebook Ireland Ltd*, Maximillian Schrems, affaire C-311/18) qui a jugé que la protection des données transférées vers les États-Unis par le « *Privacy Shield* » ou « bouclier de protection des données » était insuffisante au regard du droit européen. Afin de satisfaire aux exigences posées par cet arrêt, le juge des référés du Conseil d'État a donc vérifié le niveau de protection assuré lors du traitement des données en tenant compte de la nature des données en cause et de ce que prévoit le contrat conclu entre Doctolib et la société AWS Sarl et du droit applicable à cette société. Le juge des référés du Conseil d'État a rejeté cette demande en relevant que les données recueillies dans le cadre des rendez-vous de vaccination ne comprennent pas de données de santé sur les motifs médicaux d'éligibilité à la vaccination et que des garanties ont été mises en place pour faire face à une éventuelle demande d'accès par les autorités américaines (CE, juge des référés, 12 mars 2021, *Société Interhop et autres*, n° 450163).

Des étudiants en BTS peuvent-ils obtenir l'annulation de leurs examens au profit du contrôle continu en estimant que la situation sanitaire ne leur permet pas de passer leurs examens dans de bonnes conditions ?

La CEDH a rejeté, le 4 mai 2021, le recours d'étudiants en brevet de technicien supérieur (BTS) qui réclamaient l'annulation de leurs examens au profit du contrôle continu. Précédemment, le 30 avril 2021, le juge des référés du Conseil d'État a rejeté une demande de suspension de l'exécution de la décision de la ministre de l'Enseignement supérieur, de la Recherche et de l'Innovation du 16 avril 2021 prévoyant le maintien des épreuves terminales de la session 2020-2021 du BTS (CE, juge des référés, 30 avril 2021, *Mme B. et autres…*, n° 451849).

La CEDH estime-t-elle légitime que les États parties à la Convention EDH recourent à la surveillance de masse des communications électroniques pour préserver leur sécurité ?

Par deux arrêts du 25 mai 2021, la grande chambre de la CEDH a précisé les conditions dans lesquelles un régime de surveillance de masse des communications électroniques peut être compatible avec les articles 8 et 10 de la Convention EDH, qu'il s'agisse du contenu de celles-ci ou des métadonnées rattachées. Faisant référence à la jurisprudence de la CJUE, en particulier à l'arrêt Digital rights Ireland à la Quadrature du Net, la CEDH a toutefois une interprétation plus compréhensive avec les États que la CJUE bien que le Royaume-Uni et la Suède aient été condamnés pour ne pas avoir entouré de suffisamment de garanties leurs régimes de surveillance de masse des communications électroniques (CEDH, 25 mai 2021, *Big Brother Watch et autres c. Royaume-Uni*, n° 58170/13, 62322/14, 24960/15 ; CEDH, 25 mai 2021, *Centrum för Rättvisa c. Suède*, n° 35252/08).

À retenir que pour déterminer si l'État défendeur a agi dans les limites de sa marge d'appréciation, la CEDH recherche si le cadre juridique national définit clairement : « Les motifs pour lesquels l'interception en masse peut être autorisée ; Les circonstances dans lesquelles les communications d'un individu peuvent être interceptées ; La procédure d'octroi d'une autorisation ; Les procédures à suivre pour la sélection, l'examen et l'utilisation des éléments interceptés ; Les précautions à prendre pour la communication de ces éléments à d'autres parties ; Les limites posées à la durée de l'interception et de la conservation des éléments interceptés, et les circonstances dans lesquelles ces éléments doivent être effacés ou détruits ; Les procédures et modalités de supervision, par une autorité indépendante, du respect des garanties énoncées ci-dessus, et les pouvoirs de cette autorité en cas de manquement ; Les procédures de contrôle indépendant *a posteriori* du respect des garanties et les pouvoirs conférés à l'organe compétent pour traiter les cas de manquement ».

La mise en ligne sur un site Internet de la nomination d'un agent public est-elle un traitement de données personnelles soumis au RGPD ?

Par une décision n° 431875 du 10 juin 2021, le Conseil d'État a jugé relativement à un arrêté portant nomination, classement et titularisation de contractuels, qui a fait l'objet d'une publication au bulletin officiel de l'administration concernée et a été mis en ligne sur le portail Internet du ministère, comportant le visa du décret n° 95-979 du 25 août 1995 relatif au recrutement des travailleurs handicapés dans la fonction publique, que si la mise en ligne d'une telle information révèle indirectement que les personnes recrutées à ce titre souffrent d'un handicap, elle ne donne directement aucune information sur la nature ou la gravité de ce handicap et ne saurait, par suite, être regardée comme procédant au traitement d'une donnée relative à la santé des personnes considérées. Toutefois, le maintien permanent sur le site Internet du ministère de ces données personnelles excède ce qui est nécessaire au regard des finalités du traitement en cause, qui vise à garantir les droits des tiers et le respect du principe d'égal accès aux emplois publics énoncé à l'article 6 de la DDHC de 1789. Il appartient ainsi à l'autorité compétente, saisie d'une demande en ce sens, une fois expiré le délai de recours contre un tel acte, de prendre des mesures de nature à limiter le traitement des données en cause à ce qui est nécessaire, en ne maintenant cette publication que sous la forme d'un extrait ne mentionnant pas le fondement juridique de l'arrêté de nomination (CE, 10 juin, 2021, *M. B.*, n° 431875).

Est-il contraire à la Constitution de permettre à un grand nombre d'agents d'avoir accès aux données médicales d'un fonctionnaire sans l'accord de celui-ci ?

Par une décision n° 2021-917 QPC du 11 juin 2021, le Conseil constitutionnel a jugé que le paragraphe VIII de l'article 21 bis de la loi n° 83-634 du 13 juillet 1983 portant droits et obligations des fonctionnaires, dans sa rédaction résultant de l'ordonnance n° 2020-1447 du 25 novembre 2020 portant diverses mesures en matière de santé et de famille dans la fonction publique, est contraire à la Constitution. La liberté proclamée par l'article 2 de la DDHC de 1789 implique le droit au respect de la vie privée. Ce droit requiert que soit observée une particulière vigilance dans la communication des données à caractère personnel de nature médicale. L'article 21 bis de la loi du 13 juillet 1983 prévoit que, lorsque son incapacité de travail est consécutive à un accident ou à une maladie reconnus imputables au service, le fonctionnaire a droit à un congé pour invalidité temporaire imputable au service, durant lequel il conserve l'intégralité de son traitement, jusqu'à ce qu'il soit en état de reprendre son service ou jusqu'à la mise à la retraite, et peut bénéficier du remboursement des divers frais médicaux entraînés par l'accident ou la maladie. Les dispositions contestées autorisent des services administratifs à se faire communiquer par des tiers les données médicales d'un agent sollicitant l'octroi ou le renouvellement d'un tel congé, afin de s'assurer que l'agent public remplit les conditions fixées par la loi pour l'octroi de ce congé et, en particulier, qu'aucun élément d'origine médicale n'est de nature à faire obstacle à la reconnaissance de l'imputabilité de l'accident ou de la maladie au service. En outre, cette communication peut se faire « nonobstant toutes dispositions contraires », c'est-à-dire sans que le secret médical puisse être opposé. En dotant l'administration de moyens de s'assurer que l'ouverture de ce droit à congé est conforme aux conditions légales, le législateur a poursuivi l'objectif de valeur constitutionnelle de bon usage des deniers publics. Toutefois, les renseignements dont les services administratifs peuvent obtenir communication des tiers sont des données de nature médicale, qui peuvent leur être transmises sans recueillir préalablement le consentement des agents intéressés et sans que le secret médical puisse leur être opposé. Or, d'une part, ce droit de communication est susceptible d'être exercé par les « services administratifs » placés auprès de l'autorité à laquelle appartient le pouvoir d'accorder le bénéfice du congé. Ainsi, en fonction de l'organisation propre aux administrations, ces renseignements médicaux sont susceptibles d'être communiqués à un très grand nombre d'agents, dont la désignation n'est subordonnée à aucune habilitation spécifique et dont les demandes de communication ne sont soumises à aucun contrôle particulier. D'autre part, les dispositions contestées permettent que ces renseignements soient obtenus auprès de toute personne ou organisme. Dès lors, ces dispositions portent une atteinte disproportionnée au droit au respect de la vie privée.

Le droit d'accès à l'information garanti par l'article 10 de la CEDH est-il méconnu si celle-ci est insincère, inexacte ou insuffisante ?

Dans un arrêt de chambre (req. n° 56176/18, 56189/18, 56232/18, 56236/18, 56241/18, 56247/18) du 1er juill. 2021, *Association Burestop 55 et autres c. France*, concernant des associations de protection de l'environnement opposées au projet d'un centre de stockage de produits radioactifs sur le site de Bure, la CEDH a dit, à l'unanimité, qu'il y a eu violation de l'article 6 § 1 (droit d'accès à un tribunal) de la Convention EDH dans le chef de l'association MIRABEL-LNE et non-violation de l'article 10 (droit d'accès à l'information) dans le chef de l'association Burestop 55, de l'association ASODEDRA, de la Fédération Réseau Sortir du Nucléaire, de l'association Les Habitants vigilants du Canton de Gondrecourt et du collectif CEDRA 52. Elle juge ainsi que le rejet par le juge judiciaire de la requête pour défaut d'intérêt à agir de l'une des associations constitue une restriction disproportionnée au droit d'accès au tribunal sans constater de violation du droit d'accès à l'information.

L'article 17 de la directive 2019/790 sur le droit d'auteur et les droits voisins dans le marché unique numérique est-il compatible avec la liberté d'expression et d'information garantie à l'article 11 de la charte des droits fondamentaux de l'UE ?

L'article 17 de la directive 2019/790 sur le droit d'auteur et les droits voisins dans le marché unique numérique pose le principe selon lequel les prestataires de services de partage en ligne (dits du « web 2.0 ») sont directement responsables lorsque des objets protégés (œuvres, etc.) sont téléversés illégalement par les utilisateurs de leurs services. Les prestataires concernés peuvent néanmoins être exonérés de cette responsabilité. À cette fin, ils sont notamment tenus, conformément aux dispositions de cet article 17, de surveiller activement les contenus téléversés par les utilisateurs, afin de prévenir la mise en ligne des objets protégés que les titulaires de droits ne souhaitent pas rendre accessibles sur ces mêmes services. Cette surveillance préventive doit prendre, dans bon nombre de cas, la forme d'un filtrage réalisé à l'aide d'outils de reconnaissance automatique de contenu. Dans ses conclusions dans l'affaire C-401/19, prononcées le 15 juillet 2021, l'avocat général a proposé à la Cour de juger que l'article 17 de la directive 2019/790 est compatible avec la liberté d'expression et d'information et, partant, de rejeter le recours introduit par la Pologne.

Un maire peut-il interdire le stationnement des chiens sur la voie publique ou le bruit de conversations sans limitation de plage horaire et de jours de la semaine ?

Par une décision du 16 juillet 2021, le Conseil d'État a jugé que les dispositions de l'article 1er de l'arrêté attaqué prohibent comme étant de nature à porter par soi-même atteinte à l'ordre public le seul fait de laisser plus de deux chiens stationner, même temporairement, sur la voie publique, ainsi que, de manière générale, le fait pour un groupe de plus de trois personnes d'émettre des bruits de conversation et de musique « audibles par les passants », sans en préciser la durée ni l'intensité. Les mesures ainsi édictées par l'arrêté litigieux pour une durée de trois mois, sans aucune limitation de plage horaire et tous les jours de la semaine, dans un vaste périmètre géographique correspondant à l'ensemble du centre-ville de la commune, doivent être regardées, alors même que cette commune invoque une augmentation de la délinquance et des incivilités dans son centre-ville, comme portant, du fait du caractère général et absolu des interdictions ainsi prononcées, une atteinte à la liberté personnelle, en particulier à la liberté d'aller et venir, qui est disproportionnée au regard de l'objectif de sauvegarde de l'ordre public poursuivi (CE,

CHR, 16 juill. 2021, *Ligue française pour la défense des droits de l'homme et du citoyen*, n° 434254).

Le Conseil constitutionnel a-t-il censuré des dispositions relatives aux mesures individuelles de contrôle administratif et de surveillance de la loi relative à la prévention d'actes de terrorisme et au renseignement ?

Par sa décision n° 2021-821 DC du 29 juillet 2021, le Conseil constitutionnel, saisi par deux recours émanant, chacun, de plus de soixante sénateurs, s'est prononcé sur les dispositions du paragraphe I de l'article 4 de la loi insérant un nouvel alinéa au sein des articles L. 228-2, L. 228-4 et L. 228-5 du Code de la sécurité intérieure afin de permettre l'allongement à vingt-quatre mois de la durée maximale des différentes mesures individuelles de contrôle administratif et de surveillance (MICAS) lorsqu'elles sont prononcées à l'encontre de personnes ayant été condamnées à une peine privative de liberté non assortie du sursis pour des faits de terrorisme. Examinant la nature des obligations et interdictions susceptibles d'être prononcées en application des articles L. 228-2, L. 224-4 et L. 228-5, le Conseil constitutionnel a jugé que, compte tenu de leur rigueur, et ainsi qu'il l'avait jugé pour les mesures prévues aux articles L. 228-2 et L. 228-5 par ses décisions n° 2017-691 QPC du 16 février 2018 et n° 2017-695 QPC du 29 mars 2018, ces mesures ne sauraient, sans méconnaître les exigences constitutionnelles précitées, excéder, de manière continue ou non, une durée totale cumulée de douze mois. Il a, dès lors, estimé qu'en prévoyant que la durée totale cumulée des obligations et interdictions prévues aux articles L. 228-2, L. 228-4 et L. 228-5 peut atteindre vingt-quatre mois, le législateur n'a pas assuré une conciliation équilibrée entre, d'une part, l'objectif de valeur constitutionnelle de prévention des atteintes à l'ordre public et, d'autre part, la liberté d'aller et de venir, le droit au respect de la vie privée et le droit de mener une vie familiale normale.

QR Code pour accéder à plus d'actualités en libertés fondamentales entre octobre et décembre 2021.

PEFC
10-31-1316
Certifié PEFC
Ce produit est issu de forêts gérées durablement et de sources contrôlées

IMPRIM'VERT®

Imprimé en France sur des papiers provenant
exclusivement de l'Union européenne
et issus de forêts gérées durablement
par Jouve-Print, 733 rue Saint-Léonard, 53100 Mayenne

Ce livre est imprimé sur un site sous management
environnemental certifié **AFAQ ISO 14001**

Achevé d'imprimer en septembre 2021
Numéro d'impression : 2966903G
Dépôt légal : septembre 2021